LIBRE

MAÎTRISER SON POUVOIR CRÉATEUR PAR LA TRANSFORMATION INTÉRIEURE

••• Guide Pratique •••

LES ÉDITIONS ATLANTES

Aurore Roegiers

LIBRE

MAÎTRISER SON POUVOIR CRÉATEUR PAR LA TRANSFORMATION INTÉRIEURE

••• Guide Pratique •••

COLLECTION SPIRITUALITÉ

Collection dirigée par
Christel Seval

Illustration de couverture
Aurore Roegiers

Couverture
Sophie DaCruz

Visitez et commandez
sur notre site internet
www.editions-atlantes.fr

Ecrivez-nous
interkeltia@hotmail.fr
contact@editions-atlantes.fr

Edité par les éditions Atlantes, 531 route des Fumades, Les terrasses du Roure, 07260 Joyeuse, France. Tel 06 81 39 50 54. ISBN 978-2-36277-114-9

LIBRE
SOMMAIRE

AVANT-PROPOS 09

PRÉSENTATION 13

INTRODUCTION 19

Chapitre I
LE POUVOIR DE LA VÉRITÉ DU PRÉSENT 31

Chapitre II
LA VOIE DU CŒUR PAR LA SOURCE 49

Chapitre III
REVENIR DANS LE CORPS ET LE CHAKRA SACRÉ 71

Chapitre IV
LA PORTE DE L'INTUITION 91

Chapitre V
L'INCONSCIENT ET LE LANGAGE DE L'ÂME 109

Chapitre VI
L'INTÉGRITÉ ET LA PAROLE IMPECCABLE 143

Chapitre VII
LE SILENCE ET LA PAUSE POUR INTÉGRER 171

Chapitre VIII
LA CROYANCE EN QUELQUE CHOSE DE PLUS GRAND 183

Chapitre IX
LES PRIÈRES, LES INCANTATIONS ET LA FOI PROFONDE 197

Chapitre X
LA CONSÉCRATION, LA MISE EN ACTION DANS LA MATIÈRE 207

POUR CLÔTURER 215

Avant-propos

Il était une fois Harry, un petit hérisson, qui vivait à Londres entouré d'immenses bâtiments bétonnés. A côté de chez lui, il y avait un zoo. Harry était malheureux dans cet environnement. Il rêvait d'ailleurs et de liberté.

Dans le zoo, il s'était fait plein d'amis et un jour, il décida de faire le tour de ses amis pour leur demander comment être plus libre. Il va d'abord trouver son ami Bill, le singe.
Il s'adresse à lui en lui disant :
— Je ne me sens pas bien. J'ai envie d'être plus libre et plus heureux. Est-ce que tu peux m'aider ?

Bill réfléchit un instant puis lui répondit :
— La liberté, c'est de sauter de branche en branche et d'avoir un voisin pour lui gratter les puces.

Harry lui répondit :
— Mais je suis incapable de sauter et je ne peux pas gratter les puces des autres...

Et il poursuivit son chemin la tête basse. Il était persuadé que ses amis allaient pouvoir l'aider mais ça semblait mal parti.
Un peu plus loin sur son chemin, il tombe sur FanFan, son ami l'éléphant. Il l'interpelle et lui dit :
— FanFan, aurais-tu une recette pour que je me sente plus libre ?

FanFan se retourne, réfléchit un instant et lui dit :
— La liberté c'est de se sentir appartenir à une famille soudée et jouer dans l'eau avec ses amis.

Harry répond à FanFan :
— Mais je suis seul, je ne parle plus à mon frère et j'aime boire de l'eau mais pas jouer dedans...

FanFan lui dit :
— Bah écoute, je ne peux rien faire pour toi. Va voir Léon, peut-être qu'il sait.

Harry s'exécute et continue son chemin en direction de Léon. Il arrive près de Léon, le paon, après quelques minutes et lui dit :
— Bonjour Léon, que tu es beau aujourd'hui ! J'ai une question pour toi.

Léon se retourne vers lui et lui dit :
— Je t'écoute mon petit.

Harry :
— Léon, tu m'as l'air d'être libre. Quel est, selon toi, le secret de la liberté ?

Il se dresse fièrement, fait la roue et lui dit :
— Le secret de la liberté, c'est d'être beau et élégant. Regarde-moi, je reçois des compliments tous les jours et cela me fait pousser des ailes.

Harry lui répond :
— Mais personne n'a envie de me caresser ! Je pique, je suis tout seul. Comment je fais pour avoir des compliments ? On ne me voit pas. Je suis tout petit.

Il s'en va tout dépité et se dit qu'il n'aurait jamais dû demander l'avis de ses amis.
Et puis, une voix l'interpelle. Elle semblait venir d'en haut.
— PPSSSST, Hé ! Toi ! Viens par ici.

Il regarde en l'air et voit un magnifique hibou, avec des plumes extraordinaires, de 1001 couleurs. C'est celui qui vole, libre et qui chante une mélodie remplie d'espoir.
Le hibou lui dit :
— Je t'observe depuis tout à l'heure. Et tes rencontres t'envoient des réponses que tu peux recevoir avec une autre perspective.
— Ah bon ? répond le hérisson.
— Oui. Ce que te dit le singe à travers le saut dans les branches et les puces, c'est de ne pas oublier à t'amuser et de créer des vrais liens de connexion avec les autres. Fanfan te rappelle aussi que la liberté appartient à ceux qui veillent à un entourage qui les porte et que le fun et la joie sont aussi des éléments essentiels. Et Léon te rappelle juste de prendre soin de toi. Et si la liberté, c'était de

se défaire de tout ce qu'on croit bien ou pas, ce qu'on croit beau ou pas. Et si la liberté c'était de se plonger dans l'immensité de son potentiel et dans la magie de ce qui se passe à chaque instant. Là, maintenant par exemple, pendant que tu es préoccupé avec ta question pour demander aux autres comment faire pour être plus libre, as-tu vu le soleil qui se levait ? As-tu vu sa couleur qui change dans les nuages ? As-tu entendu le chant des oiseaux ? As-tu observé les fleurs qui dansent ? As-tu ressenti le vent et la chaleur du soleil sur ta peau ? Et si la liberté à laquelle tu aspires tant est là, maintenant, constamment, à chaque instant. A chaque pas. Parce que tu as la santé, tu es libre. Parce que tu as des rêves, tu es libre. Parce que tu as un potentiel infini, tu es libre. Parce que tu es divin, tu es libre. Et si tu étais libre à partir du moment où tu prends conscience que tu l'es ?

Harry écoutait les paroles du hibou avec une grande attention.
— Et s'il avait raison ? se demanda Harry.

Une légère brise se leva, il baissa la tête et quand il la releva, le hibou avait disparu. Harry rentra chez lui quelque peu interpellé mais léger et cette nuit-là, il fit un rêve.
Dans son rêve, il se revoyait enfant avec une envie très forte de voyager, une envie de faire le tour du monde, de découvrir toutes les merveilles de la vie. C'était son âme qui lui parlait. Son âme voulait parcourir le monde, rencontrer d'autres êtres et expérimenter cette forme de liberté. Quand il se réveilla, Harry se souvint qu'il s'agissait plus que d'un rêve, c'était un souvenir d'une aspiration qu'il avait quand il était tout petit.
Il prépara ses affaires, fit sa valise et partit en direction du sud, bien décidé à rencontrer la magie de la vie avec des papillons dans le cœur.

Texte d'André Roberti, un ami de cœur.

Présentation

Je suis très heureuse et fière de vous partager ce deuxième livre que j'ai eu à cœur d'écrire d'une façon complètement différente de mon précédent livre ESPOIR.

Ce livre est un mélange de guidance, d'expériences et d'un voyage de neuf mois. J'ai quitté ma ville natale pour pouvoir vivre une vie de nomade. J'ai fait du tri, j'ai fait du vide, j'ai nettoyé, en moi, dans mes possessions, mes relations, afin de pouvoir me libérer de tout ce qui m'empêchait d'être pleinement moi-même.
C'est le cœur libre et joyeux que je suis partie pendant neuf mois avec une valise et un instrument de musique pour tout bagage,

pour aller à la découverte de ma vérité, de ma sensibilité, de mes émotions, de mon ouverture sur le monde et de ce que le monde était prêt à me dire car j'étais enfin prête à l'entendre et le recevoir. J'ai à cœur de vous partager ces expériences afin que vous puissiez vivre vous aussi libre de vous-même. Il y a de nombreuses façons d'être libre.

Est-ce être libre de son temps ?
Libre de ses relations ?
Libre de son passé ?
Libre de ses croyances ?
Libre de ses pensées ?
Libre de son argent ?
Libre de ses mouvements ?
Où se trouve réellement la liberté ?

À mes yeux la liberté est une quête intérieure. C'est un état d'être. Un état de réceptivité. Un état de consécration d'une certaine façon car lorsque nous sommes libres de nous-même, nous sommes libres d'accueillir le véritable espace que la vie nous offre. La vie est très généreuse à qui sait le recevoir, le voir et donc l'avoir.

Je crois que notre plus grande liberté est intérieure.
Savoir agir ou réagir en conscience face à des évènements extérieurs pour les laisser ou non nous impacter.

C'est nous qui décidons jusqu'à quel point les évènements extérieurs nous atteignent.
Au vu de notre époque avec ses nombreux changements, effondrements et les nombreuses informations qui tournent autour de nous, je crois qu'il est justement temps d'être libres de nos perceptions afin de pouvoir créer et de croire en la réalité qui nous fait réellement du bien.

Où est la vérité ?
Où est la réalité ?

À mes yeux il n'y en a pas. Il n'y a que celle que nous créons.
Tout est distorsions et illusions dans ce monde, alors je pense que nous pouvons totalement être maître à bord de notre distorsion et de choisir la réalité qui nous convient et de le faire en conscience avec le cœur bien ouvert, les yeux fermés pour marcher en toute confiance vers les lois de la vie.
Ce livre que j'ai co-écrit avec une guidance supérieure, venant de là-haut, que je nomme la Source, est une collaboration artistique de cœur, de synchronicités, de guidances et aussi d'expériences qui pour ma part m'a demandé un énorme travail sur moi, de libération intérieure afin de pouvoir canaliser ces messages avec tout mon cœur, tout mon amour et tout le respect que j'ai pour vous.
Puissent ces lignes vous transporter et vous délivrer car je souhaite réellement vous voir libre. J'ai à cœur de voir ce monde libre et heureux, tel qu'il le mérite. C'est à nous de le construire et cela passe par chacun d'entre nous.

Puissent ce livre et ces exercices vous permettre de vous libérer encore plus afin de rayonner une liberté si grande que le monde pourrait se libérer de ses chaînes en une seconde.

Si nous nous réunissons tous ensemble, que nous vibrons ensemble le cœur battant vers un peuple libre, loin de toutes ces lois qui interdisent tout mouvement, alors je crois que la vérité pourrait éclater. Je souhaite le faire actuellement à l'ombre mais bientôt en pleine lumière et j'espère pouvoir vous retrouver un jour, en vrai, pour nous réunir, afin de libérer les chaînes et le carcan des illusions et des distorsions que le monde actuel nous offre.

Chaque être humain a le pouvoir de changer le monde.
Et c'est par ces lignes, humblement et avec tout mon amour, que je souhaite participer à ce changement. J'ai à cœur de vous passer le relai.
Ce livre est un exercice à mettre en pratique pour nous permettre de nous libérer de nous-même et, ensuite, enfin, libérer les autres.
Si nous faisions chacun notre part, alors la part d'ombre partirait pour aller vers un pardon qui libérerait.

Avec tout mon amour.
Aurore

Introduction

LE POUVOIR CRÉATEUR
EST UNE SOURCE INFINIE DE GUÉRISON.

Il existe une multitude de façons de guérir votre Être Profond. Par le mot guérison et être profond, nous entendons l'opportunité, non pas de guérir des blessures, mais au contraire de lâcher des couches de protections et de mécanismes inconscients qui vous empêchent de faire rayonner votre être véritable, vos dons et votre nature profonde.

Introduction

Durant de nombreuses années vous avez été façonné par un conditionnement, une éducation, des habitudes de vie, des habitudes sociales et cela a créé un personnage que vous avez dû jouer, consciemment ou inconsciemment, dans les différents rôles de votre vie. Les rôles professionnels, les rôles familiaux, les rôles relationnels, les rôles liés à vos passions etc...

Vous avez passé votre vie à jouer des rôles jusqu'au moment où ils ont explosé en vous et où vous n'avez plus eu envie d'incarner ces rôles. Vous avez eu envie d'être profondément vous-même. Mais à ce moment-là, vous avez fait face à des questions profondes :

Qui suis-je ?
Qu'est-ce que je veux ?
Que dois-je faire ?
Quel est le sens de ma vie ?
Pourquoi suis-je venu sur terre ?

Ces questions profondes viennent éveiller en vous de grandes angoisses qui sont en fait des bénédictions. Ces bénédictions vous permettent de revenir sur le droit chemin, le seul chemin à vivre et à être, à savoir : l'instant présent.
Car pour être l'identité véritable de votre être profond il s'agit de l'incarner dans l'instant. Pour l'incarner dans l'instant il s'agit de ne plus penser à rien mais juste d'être.
Comme un enfant lorsqu'il joue et qu'il vit. Il ne se pose pas la question de ses rôles, il joue à être, il suit ses mouvements, il suit ses envies, il suit ses intuitions, il suit ses émotions sans se regarder faire. C'est cela qui fait de lui un être véritable.

Vous allez avoir l'occasion de redevenir pleinement votre être véritable et de retrouver votre âme d'enfant car c'est ce que vous êtes en profondeur.

Nous sommes très heureux de pouvoir vous partager une multitude d'outils, d'inspirations, de créations, de visions qui vont pouvoir vous permettre de transformer littéralement votre être véritable afin qu'il puisse éclore dans toute sa splendeur dans votre quotidien.
Sachez que les exercices proposés dans ce livre sont là pour être inspirants et vous n'êtes pas obligé de les appliquer à la lettre. Prenez seulement ce qui résonne en vous. Ayez conscience que ce qui compte c'est ce que vous allez en faire. Ceci est comme une sorte de bible de jeux inspirants mais c'est vous qui allez les façonner à votre manière. Faites-en ce que vous souhaitez.

Ne cherchez pas à appliquer à la lettre ce qui est écrit car sinon vous allez encore reproduire des schémas et vous forcer à jouer des personnages. Inspirez-vous de ce qui est écrit afin de l'adapter à votre manière, à votre être véritable, à ce qui résonne pour vous, ce qui vous inspire et ce que vous êtes.

Nous sommes très heureux de savoir que vous lisez ce livre, nous sommes très heureux de vous transmettre ce message car il a une haute valeur par rapport à ce qui se passe dans le monde et dans le changement planétaire que nous vivons.

Vous avez été certainement confronté à une remise en cause profonde, seul face à vous-même, à vous poser ces questions ultimes :

Qui suis-je ?
Que dois-je faire ?
Pourquoi suis-je venu
m'incarner ici ?

Ces questions identitaires profondes ont été comme une sonnette d'alarme assommante, afin de vous permettre de revenir dans l'axe véritable de votre être. Comme nous le disions, la seule façon de faire l'expérience de votre être véritable est d'être dans l'instant présent.
Ceci est simple à comprendre mais difficile à mettre en pratique car il y a de nombreuses façons d'être détourné de votre instant présent et de votre véritable identité, à chaque instant.
L'art de la délectation silencieuse du présent est un baume pour l'âme et un moyen de vous permettre de revenir en vous.
Dans le silence, cette bénédiction et cette délectation de l'instant, vous faites ainsi l'expérience du Grand Tout. Vous êtes le Grand Tout. L'univers est en vous et vous êtes l'univers.

En étant dans cet art sacré de guérison, dans l'instant, vous vous reconnectez à votre être véritable et à votre inspiration profonde, votre intuition et votre élan du cœur.

Pour revenir dans votre être, il s'agit de revenir dans votre cœur, vos envies, vos intuitions et vos émotions. C'est le chakra du cœur qui vous mène vers le droit chemin et non la logique, la raison, le questionnement, le rationnel, l'égo, le mental qui sont d'autres façons d'expérimenter la vie. Ces autres façons peuvent venir accompagner l'élan du cœur pour le soutenir.
Commencez d'abord par le cœur et utilisez votre tête ensuite pour mettre en application vos désirs profonds plutôt que de commencer à réfléchir à vos désirs profonds pour savoir comment les faire vivre et vibrer dans le cœur.
Durant de trop nombreuses années, vous avez été habitué à fonctionner avec le mental et la pensée. Il est temps d'inverser la tendance et de revenir dans le cœur véritable qui va vous montrer des choses auxquelles vous ne vous attendez pas.

Si vous revenez dans votre être véritable,
vous allez découvrir de nouvelles envies insoupçonnées.

Si vous revenez dans votre être véritable,
vous allez découvrir des dons gardés en vous sous silence.

Si vous revenez dans votre être véritable,
vous allez découvrir des compétences, des connaissances,
des savoirs ancestraux enfouis en vous, dans votre inconscient
et dont vous ignoriez l'existence

Pour pouvoir en faire l'expérience il s'agit donc de tout lâcher, de lâcher cette vision de vous-même et de revenir dans l'instant.

Nous vous invitons à revenir dans votre corps, votre cœur, votre respiration. Ces trois éléments sont fondamentaux si vous souhaitez revenir au cœur de votre âme et de votre être véritable.
Il n'y a rien de plus beau et de plus délectable pour l'âme que de se sentir pleinement incarnée dans son corps et d'être pleinement respectée dans son espace sacré et son temple qui est votre corps. Ce respect dont nous parlons passe par le fait d'écouter son âme. Cela passe par écouter son cœur, ses émotions, son intuition, son envie, son chakra sacré et son chakra du cœur. Ici nous allons parler de ce qui se passe dans votre cœur.

Voyez-vous, chaque instant vécu où vous ne pensez ni au lendemain, ni à la veille, ni même au présent, ce sont des moments où vous ne vous voyez pas vivre. Ces instants de grâce vécus pleinement sans regard sur vous-même sont de vrais moments de vie.

Les moments où vous êtes dans l'inspiration profonde connectée à l'âme, à la vie et au Grand Tout, vous faites l'expérience de l'être. Vous vous délectez de la vie. Une vie se vit seulement dans l'instant présent, elle ne se réfléchit pas, elle ne s'analyse pas, elle ne s'observe pas, elle se vit, c'est tout. Cela semble évident mais combien de fois, combien de minutes dans une journée vivez-vous vraiment ? Combien de secondes par jour avez-vous sans mental qui réfléchit, analyse, observe, souhaite changer les choses ou s'inquiète ?

Faire l'expérience de l'âme c'est avoir
la confiance absolue que la vie se charge de tout.

Faire l'expérience de l'âme,
c'est être convaincu que l'univers, la vie, votre âme,
les autres vont vous apporter exactement
ce dont vous avez besoin à chaque instant.

Imaginez-vous vivre une journée où chaque moment est propice à une bénédiction. Une vie où vous êtes dans une totale réceptivité, une sorte d'observation des évènements. Une observation active, non pas détachée de vous-même mais plutôt une observation consciente.

— Tiens, il se passe cela, il y a une opportunité dans ce moment.

Cela revient à dire oui à tout ce qui se passe. Oui à cette sensation, oui à cette information, oui à cette proposition, oui à cette émotion, oui à cette énergie, oui à ce paysage, oui à cette action, oui à cette parole, oui à tout ce qui vient, à tout ce que vous entendez et à ce qu'il y a autour de vous.

Si vous dites profondément oui dans tout votre être et votre vibration, alors l'univers va se charger de vous envoyer encore plus de oui. Vous allez renforcer cette énergie positive car le oui est lumineux, plein de lumière, comme une lumière dorée. Plus vous allez dire oui aux choses, plus les choses vont pouvoir vous dire oui à leur tour. C'est en disant oui, que les choses se délient. Le oui est la simple clé qui permet aux choses d'avancer. Cela permet à la vie de s'exprimer et de faire l'expérience de l'être.

La vie n'est rien d'autre qu'une expérience sacrée.
L'âme vient s'incarner sur terre afin d'expérimenter
au travers de son corps les expériences
de la vie sur cette terre.

Si vous arrivez à dire oui à chaque instant alors vous faites pleinement l'expérience de votre vie.

Si vous êtes au contraire en train d'analyser, de vous dire :

— Oui peut-être, oui enfin je ne sais pas, j'ai des doutes car peut-être que...

Si vous remontez dans le mental à vous poser des questions, vous n'êtes plus dans l'être, vous n'êtes plus dans l'âme, vous n'êtes plus dans l'instant présent, ni en train de faire l'expérience de la vie. Cela peut paraître très simple à comprendre ou à vivre mais c'est parfois complexe à incarner car cela demande de casser des fonctionnements internes et des habitudes qui ne vous permettent pas d'être dans cette qualité d'être en permanence.

* * * * * * * *

NOUS AIMERIONS VOUS PARTAGER DIX ÉTAPES POUR VOUS PERMETTRE DE REVENIR DANS CET ÉTAT D'ÊTRE.

La première étape est la voie du silence.
Revenir dans votre corps, dans votre âme, dans votre cœur.

La deuxième étape est la voie du cœur.
Vivre votre élan instinctif, créatif et artistique car l'âme est un art de vivre.

La troisième étape est de revenir profondément dans le corps.
Notamment dans le chakra sacré car c'est là que se fondent la créativité, l'élan de vie et c'est là que se trouve votre énergie profonde.
L'énergie du chakra sacré a besoin d'être maitrisée et canalisée afin de faire émerger de nouvelles idées, car c'est là que votre âme entre en communication avec vous.

La quatrième étape est celle de l'intuition.
C'est par ce biais que votre âme communique et dialogue avec vous.

La cinquième étape est celle de l'inconscient.
Si vous acceptez d'avoir un inconscient, si vous acceptez que des choses vous échappent, si vous acceptez qu'il y ait un langage métaphorique au travers de la vie, qui est le langage de l'âme, alors vous commencez à comprendre les lois universelles. Vous pouvez alors jouer avec et vous amuser.

La sixième clé est celle de l'intégrité.
Être dans votre vérité intérieure déjà avec vous-même. Être intègre dans ce que vous expérimentez pour ensuite l'être avec les autres. Cette étape demande une présence à vous-même. Cette étape est remplie d'écueils car l'égo est capable de faire croire de nombreuses choses qui sont fausses en réalité, pour vous détourner de votre intégrité. C'est l'une des clés majeures pour expérimenter votre être profond et l'intégrer dans la troisième dimension.
En étant intègre à chaque instant, vous êtes en lien avec les lois de la vie, connecté à votre âme, votre intuition, votre corps, votre cœur, votre chakra sacré et toutes les clés énoncées précédemment.

La septième étape est celle du silence et de la pause.
Il y a un temps d'intégration nécessaire à votre avancée. Vous ne pouvez pas avancer dans votre vie si vous ne prenez pas un temps pour intégrer ce que vous avez expérimenté. Cette lenteur nécessaire passe souvent par la méditation. C'est un état d'être qui infuse, intègre ce qui s'est passé en prenant le temps d'être connecté à soi.

La huitième étape est celle de croire qu'il y a quelque chose de plus grand que vous.
Au-delà de vous-même, il y a votre âme et votre âme est

connectée au Grand Tout. Si vous avez la connaissance de ces étapes et de ces lois liées au Grand Tout, vous saurez alors façonner votre vie et votre être profond et véritable, afin de vivre la vie que vous souhaitez véritablement en lien avec votre âme et en harmonie avec la loi universelle.

La neuvième étape est celle de la prière, des incantations et de la foi.
C'est la foi qui vous relie au divin. Ancrez en vous votre foi et votre connexion au divin. Cela réveille un respect et un amour sacré de guérison suite à cette connexion, sans passer forcément par le caractère religieux.

La dixième étape est celle de la consécration.
C'est à dire la mise en action dans la matière de toutes les étapes précédentes afin que vous puissiez agir de manière juste et fluide au sein de votre vie et en harmonie avec tous les éléments que vous aurez expérimentés parmi les dix autres étapes.

Ces dix étapes vont être développées afin de vous donner les clés de compréhension et d'explication avec des exercices de mise en pratique que nous vous proposerons de faire régulièrement afin de vous permettre d'être totalement aligné avec votre être véritable.

* * * * * * * *

Nous sommes très heureux de vous présenter ce livre qui est une bénédiction profonde afin que vous puissiez retrouver vraiment l'art sacré de la guérison.

Nous vous souhaitons de retrouver votre pouvoir créateur en totale liberté afin que vous puissiez façonner votre vie à l'image que vous souhaitez et y être pleinement heureux dans l'incarnation totale de votre être véritable.
Désormais il ne s'agit pas de vivre une vie illusoire dans laquelle vous devriez vous cantonner à un personnage avec un rôle auquel vous devriez vous adapter. Mais au contraire de façonner et créer une vie sur-mesure avec qui vous êtes. Vous n'avez plus à vous contorsionner ou vous adapter au monde extérieur, c'est au contraire le monde extérieur qui s'adapte à votre vérité intérieure.

En étant en pleine possession et maitrise de vos moyens, de qui vous êtes, de votre énergie, de votre cœur et de votre vérité, vous pourrez enfin l'exprimer au monde et le vivre.

Si vous commencez à maitriser et à jouer avec tous les outils proposés dans ce livre, vous allez pouvoir être maître à bord, libre de tous dogmes, libre de vous-même, libre de toute société, libre de tout ce qui entrave votre vérité et votre liberté d'être.
Avant de vous adapter à un système quelconque, il s'agit de connaître le vôtre afin que le monde extérieur s'adapte à votre système à vous. C'est cela que nous souhaitons vous offrir au travers de ces écrits.

Nous vous souhaitons une belle lecture, beaucoup de bonheur et que ce présent ouvrage vous apporte un maximum de liberté.

Bien à vous,
La Source

- I -
Le pouvoir de la vérité du présent

J'AI DÉCOUVERT
L'ART DE L'ACTION INACTIVE.

Cela ressemble à un état méditatif, où je me pose, je me dépose, je ne pense à rien, je respire et je laisse venir. Je laisse venir ce qui est sans rien attendre. Je me pose, je respire, je me dépose et j'inspire puis je laisse venir.

Le pouvoir de la vérité du présent

Cette qualité d'être que j'ai développée chaque jour est devenue une façon de vivre. C'est devenu un état d'être. C'est devenu un art de vivre.

Je n'ai pas le sentiment de me poser en lotus contre un arbre pour méditer. Ce n'est pas cela.
C'est devenu une façon de me mouvoir, d'être et de vivre chaque instant. À force de vivre dans cette respiration consciente de moi-même et de la vie, j'ai fait l'expérience du : Tout est un.
En étant dans cette réceptivité qui est un vide apparent, j'ai compris le plein.

C'est grâce à cette qualité d'être et cette réceptivité que j'ai pu attirer à moi des synchronicités qui vont bien au-delà de ce que j'aurais pu vouloir.

Je suis passée du stade du créateur de ma réalité au maître qui reçoit la vérité. Cela peut paraître présomptueux dit comme cela, mais disons que je laisse la vie me montrer ce qu'elle souhaite vivre à travers moi. Avant je décidais de ce que je voulais vivre à travers elle, et désormais je m'amuse à vivre l'inverse.
Ce sont deux façons radicalement différentes d'expérimenter le quotidien.
Les deux ont pour moi des avantages et des inconvénients, je ne sais laquelle est la plus juste. Disons que l'une me permet de me sentir responsable de ma vie et l'autre me permet de me sentir en paix avec celle-ci. Je passe de l'action à la réception. J'alterne les deux mais j'essaie au mieux d'aller vers cette notion et croyance que la vie sait mieux que moi ce qui est bon et juste pour moi. Cela crée une sacrée différence entre ce que ma tête veut et ce que mon corps ou mon cœur disent mais je trouve cela fascinant.

Pour vous donner un exemple.
J'ai eu envie de quitter la France, je me suis dit que j'allais devenir une nomade, libre et voyageuse. C'est un grand rêve que de voyager et je me suis dit pourquoi ne pas le faire pleinement. Mais la vie m'a fait rencontrer un homme, mon compagnon d'aujourd'hui qui lui est bien plus casanier. Le besoin d'avoir un ancrage et un lieu fixe est important.
Cette relation est passionnante car nous sommes radicalement opposés. Je suis sensible et émotionnelle, il est logique et rationnel. Je suis intuitive et je suis l'énergie. Il est déterminé et suit ses objectifs. Nous ne vivons pas la vie de la même manière. Pourquoi je vous partage cela ?

Parce qu'à des moments, ma tête me dit : pars en voyage, reprends ta vie de nomade et de célibataire, sois libre !
Et mon âme, mon corps et mon cœur me disent : reste ici avec cet homme, les choses vont se dérouler autrement. Pourquoi souhaites-tu partir ? Ne vois-tu pas l'abondance qui s'offre à toi ?
Il y a régulièrement une confrontation en moi. Que suivre ?
Evidemment je peux mettre en place des voyages tout en vivant ma vie de couple. Mais le sujet n'est pas là.

Ce que je souhaite vous partager, c'est cette sensation que quelque chose de plus grand que moi est en marche. Un appel profond et subtil vient me titiller et me dire :

— Fais confiance. Tu ne sais pas où tu vas mais laisse-moi t'emmener vers une belle surprise. Je suis la vie et j'ai prévu pour toi quelque chose de bien plus grand pour toi. Laisse faire, suis ton instinct et oublie tes rêves deux minutes. Le chemin c'est moi qui le dessine, la vie c'est toi qui la vis et tes rêves je les ai entendus mais laisse-moi te montrer des chemins différents que ceux que tu te construis dans ta tête.

Voyez-vous la subtilité ?
J'ai remarqué que dans ma vie, mes objectifs les mieux réalisés ont été ceux que la vie avait dessinés elle-même. Certes elle répond à mes rêves d'avant, je les ai manifestés, mais j'ai compris que la vie sait mieux que moi comment les atteindre. Ou, dit autrement, en suivant mon intuition et non ma raison, je me retrouve à vivre des situations dont je n'aurai jamais imaginé qu'elles me mèneraient à destination.

Depuis que j'ai atteint cette qualité d'être, la vie m'envoie les réponses. La vie m'envoie les personnes. La vie m'envoie l'inspiration. La vie m'envoie les synchronicités. La vie m'envoie les réponses sous mes yeux, à l'instant T.

Pour mettre des mots un peu plus concrets sur ce que je souhaite décrire qui est palpable et difficile à dire, voici une expérience.
Je me lève le matin avec la liberté de ne pas avoir d'emploi du temps. J'ai tout fait pour ne plus en avoir. Les gens avec qui je travaille fonctionnent de la même manière que moi car je leur ai dit que je ne pouvais plus fonctionner avec des horaires, ou alors très peu, vraiment de temps en temps. Généralement le planning se dessine en fonction du temps intérieur. En fonction de ce qui sonne juste. Pour moi la vérité est organique. Elle ne s'organise plus, elle se reçoit.
Je me lève donc le matin en ayant rien de prévu en soi. Alors que j'ai une multitude de choses à vivre et à faire. Ma « to do list »* si je la faisais, serait colossale. Je ne l'écris plus. Je sais qu'elle est là. Quelque part. Dans ma tête.
Lorsque je me lève le matin, je me demande : qu'est-ce que cette journée a à m'apporter ? Que vient-elle m'offrir ? Où est la vérité de cette journée qui vient me montrer ma vérité intérieure ?
Bien souvent le matin, j'aime prendre du temps pour entrer en connexion avec les personnes importantes dans ma vie. Je constate que nous sommes toujours en résonance et il y a toujours un effet miroir. Lorsqu'un ami me parle de sa vie, je vois des résonances avec ce que je vis moi. C'est dans les propos de l'autre que je vois ce que la journée me raconte et me donne un des sujets du jour.
J'aime voir l'effet miroir en toute chose, en tout instant.
Chaque moment présent me montre sous mes yeux la voie à suivre.

Comment est mon énergie ?
Comment est mon corps ?
Où sont mes envies ?
Que me racontent-elles ?

---

* To do list : liste des choses à faire

A l'écoute profonde dans un respect certain des besoins vitaux de mon être, j'agis avec respect.
Je ne suis plus moi-même dans ce que je prévois d'être. Je deviens mon moi supérieur dans cette qualité d'être.

Je réceptionne
Je fais le vide
J'inspire
J'expire
Je respire
Je suis

Cette façon de vivre l'instant est un art de vivre que j'adore et délecte. Je le pratique le plus possible. Il y a des journées où cela n'est pas possible car j'ai des contraintes, des rendez-vous et des choses à faire. Dès que je peux être maître de moi-même, de ma vie, de mon destin, de mes horaires, alors je le remets en pratique et c'est ce qui me permet de retrouver mon centre.
C'est ce qui me permet de ne plus aller chercher à l'extérieur les réponses alors qu'elles sont en moi dans mon intériorité. L'extérieur entre en résonance avec ma vérité du moment.
Je ne cherche plus à l'extérieur, je trouve en moi.
Je ne cherche plus à combler des vides par des actions, des objets, des pulsions ou des passions mais bien plutôt par la passion d'être dans ce silence intérieur qui m'apaise et qui m'apporte les réponses à tout.

Mon intuition est maître à bord, c'est elle qui me guide dans chacun de mes pas, chacun de mes projets, chacune de mes voies et toutes les rencontres que je fais.

J'agis avec conscience, persévérance et une grande patience en suivant mon intuition et non plus les lois de ma raison.

Ma façon de vivre n'est absolument pas logique. Elle est pourtant certaine, juste et fluide.
Ce lâcher-prise à ne plus voir la forme que prendront les choses et à ne plus m'en préoccuper, me permet de vivre une plus grande vérité.
Mon intuition sait mieux que moi ce qui est juste pour moi.
Mon envie me montre les chemins qui sont bons pour atteindre les désirs que j'ai.
Je ne réfléchis pas. J'agis avec constance en conscience en suivant l'élan de mon cœur, l'inspiration, l'intuition, l'envie du moment.
Ma vie s'est totalement transformée depuis que je vis comme cela. Car je laisse la vie décider pour moi. Je dis oui à tout ce qui vient si cela résonne.
Si je ne sens pas quelque chose je le formule.

Parfois je formule :

— Je ne sais pas, je sens que ce n'est pas le moment, je ne peux pas te dire pourquoi je sens qu'il y a quelque chose qui ne va pas...

Avoir cette honnêteté de le dire à la personne en face de moi permet de trouver ensemble les mots qui parfois me manquent.
Je me rends compte que la personne en face ressent exactement la même chose, car elle entre très souvent en résonance avec ce que je vis.
Je lui offre l'opportunité d'aller s'installer en elle-même, au même stade de conscience que là où je me trouve et inversement.

J'ai décidé de ne m'entourer que de personnes qui entrent en résonance réelle et profonde avec moi-même.

J'ai appris à dire non, j'ai appris à dire stop, j'ai appris à m'éloigner, j'ai appris ce qu'est le respect de moi-même.

Durant de nombreuses années, je ne me suis pas respectée car j'ai voulu répondre aux besoins des autres pour être aimée.
Depuis que je me suis choisie, mon amour pour moi-même est si grand et suffisant que je n'attends plus rien de l'extérieur.
Depuis que je n'attends plus rien de l'extérieur, l'extérieur s'est enrichi. Il m'a offert une abondance d'opportunités, de projets, d'expériences, d'amour, de vérité, de partage, d'échange, de mélange, et mon cercle relationnel a foisonné de lumière et d'idées.
C'est magique et majestueux.
Je suis pleine de gratitude pour cette abondance que la vie m'offre.
La vie ne fait que répondre à l'abondance que je me suis octroyée en moi-même en décidant de me libérer de ce que je croyais être, pour enfin faire l'expérience de ce que je suis vraiment. Une énergie pure et instinctive qui vient vivre ses expériences.

Je n'ai plus besoin de contrôler quoi que ce soit.
Je me laisse guider par chacun de mes pas. Ce sont eux qui me mènent et me laissent prendre la forme que la vie doit prendre.

C'est cela pour moi le lâcher-prise et la confiance au Grand Tout.
La confiance absolue que tout est juste.
Mon seul rôle à moi est d'être juste avec moi-même à chaque instant et de savoir m'écouter profondément avec exigence et intransigeance.

Je vous laisse pour la suite du chapitre avec la guidance que j'ai reçue de la part de la Source.

Belle lecture à vous.

* * * * * * * *

L'ART DE LA DÉLECTATION SILENCIEUSE POUR REVENIR EN VOTRE CENTRE ET CONNECTÉ AVEC VOTRE ÂME.

Le silence est une loi trop peu respectée par l'humanité. Alors que le monde est en mouvement perpétuel et embrouillé par le mental, l'âme, elle, aime le silence.

Entrer en communication avec le silence, l'entendre et l'écouter permet de recevoir de nombreux avantages et conseils de sa part. Le silence est un moyen profond pour faire taire le mental et réduire les illusions dans lesquelles vous vivez.
C'est le moyen aussi de faire taire les personnages que vous vivez par vos pensées, vos postures, vos relations, vos émotions, votre passé, vos expériences et ce qui a façonné votre être jusqu'à présent.

Si vous faites silence et entrez à l'intérieur de vous-même, au sein de ce temple silencieux et profond, vous trouvez une porte connectée totalement à votre âme et qui est elle-même connectée au Grand Tout et au cosmos.

Le divin qui est en vous se trouve de l'autre côté de cette porte.
Vous pouvez traverser ce vortex silencieux et profond par des états de transe, des états modifiés de conscience, le sport, la méditation, l'hypnose, la régression, le chamanisme, la danse, l'art et de nombreuses autres manières.
Chaque voie vous permettant d'entrer dans ce silence profond, vous permet de revenir en vous-même et d'être connecté à votre être véritable.

Votre être véritable n'est rien d'autre qu'une énergie pure connectée à la Source et au Grand Tout. Cette énergie pure est accessible à volonté, et elle accède elle aussi à volonté à une multitude de champs d'informations.

Imaginez que la vie ne soit faite
que de vide et de champs d'informations.
Imaginez que vous êtes ce vide
et ce champ d'informations.

À chaque instant vous pourriez décider de vous connecter à une information précise afin d'en faire l'expérience. Et vous pourriez ensuite décider de faire une autre expérience liée à une autre information.

C'est comme si chaque information était un point d'une lumière qui s'active. À chaque information que vous expérimentez, la lumière s'active.

Toutes ces branches d'énergies et de lumière se modifient en fonction de votre conscience, de votre vibration et de votre intention.
C'est votre intention et votre vibration qui émettent ce champ électromagnétique qui attire cette information à vous, afin que vous puissiez en faire l'expérience.
Une fois l'expérience de cette information vécue, cette information devient lumière pure et cette lumière la fait rayonner et exister.
La vie fonctionne par ce principe.

Vous pouvez donc expérimenter tout ce champ
d'information à l'infini.
Vous pouvez expérimenter à l'infini votre vie.
Il y a une infinité de façon d'expérimenter ce que
vous êtes véritablement et ce champ d'information.

Une fois compris que votre vibration et votre intention sont les clés, vous pouvez alors décider par vous-même de l'information que vous désirez expérimenter.
Tant que vous n'en n'avez pas conscience ni la pleine maitrise, c'est l'information qui vient à vous et vous vous laissez influencer par des informations extérieures.
Ces informations viennent vous proposer une expérience à vivre sur cette planète. Si vous laissez le monde extérieur vous influencer, vous faites certes des expériences intéressantes mais elles ne viennent pas de votre être profond puisque ce n'est pas vous qui l'avez réellement décidé.

Parfois vous faites des expériences parce que les parents vous le proposent.
Parfois vous faites des expériences parce que l'image sociale vous l'impose.
Parfois vous faites des expériences parce que vous vous sentez obligé suite à un conditionnement, un amour mal placé, une loyauté familiale etc...
Ceci est conscient ou non.

Si vous revenez dans le silence intérieur de votre être véritable, vous pouvez ne plus laisser l'extérieur vous influencer et être maître de votre vie.

Dans ce vide, composé du Tout, se passe alors quelque chose d'assez exceptionnel. Dans ce vide et ce calme intérieur, se trouve cette porte où est votre âme. Votre âme, elle, peut vous souffler ce qu'elle souhaite réellement expérimenter dans cette vie pour son bien-être à elle et non pour le bon plaisir des autres ou à cause d'une quelconque obligation extérieure consciente ou inconsciente.

Votre âme sait exactement ce qu'elle est venue faire sur terre.
Votre âme sait exactement ce qu'elle veut expérimenter à chaque instant.
Votre âme sait exactement ce qu'elle veut vivre pour pouvoir grandir, comprendre, évoluer et devenir une meilleure version d'elle-même.
Votre âme sait exactement où se trouve le bon chemin.
Votre âme sait exactement quelles sont les bonnes personnes.
Votre âme sait exactement quels sont les bons endroits et les bonnes expériences à vivre pour vous et pour elle, car vous êtes la même chose.

Votre âme sait.
Pour savoir aussi bien que votre âme, il s'agit de revenir vers elle.
La voie la plus simple et directe est de faire silence en votre centre, en votre être afin de vous reconnecter à votre être véritable.
Votre âme est une source d'informations infinies auxquelles elle peut elle-même accéder à l'infini pour vous faire expérimenter à l'infini l'information qu'elle désire expérimenter à travers vous. Ceci peut sembler alambiqué formulé ainsi, c'est en réalité très simple.

Dites-vous qu'en faisant silence, vous vous connectez à votre âme et c'est par ce silence que votre âme peut souffler exactement ce dont vous avez besoin pour savoir qui vous êtes.

Votre âme n'est rien d'autre que la Source, elle est connectée à elle.
Lorsque vous êtes connecté à votre âme, vous êtes connecté à la Source et aux lois universelles qui la composent.
Admettez que la Source est un champ d'informations parfait et que tout se passe toujours dans un ordre juste.
En écoutant votre âme, votre intuition et votre instinct vous serez toujours au bon endroit, au bon moment, auprès des bonnes

personnes. Faisant exactement l'expérience que l'univers souhaite que vous viviez.

Revenir en votre centre, dans votre silence, votre calme intérieur est une manière de revenir dans votre vérité.

Il n'y a pas à chercher à avoir des réponses.
Il n'y a pas à obtenir un élan de vie en vous.
Il y a juste à vous reconnecter à cette qualité d'être.

En participant à ce cheminement intérieur chaque jour, en entrant en transe dans cette communication avec votre être véritable, alors, naturellement celui-ci vient à vous et vous guide instinctivement par vos idées, vos pensées, vos inspirations et les synchronicités que vous allez attirer dans la vie.

Il n'y a pas à maîtriser ou contrôler quoi que ce soit.
Il y a seulement à être maître de votre vibration
et de votre énergie.

En étant connecté à votre être véritable qui passe simplement par ce silence, vous rehaussez votre taux vibratoire et ce faisant, votre vibration impacte tout le cosmos. Votre vibration augmentant et se connectant davantage à l'être véritable que vous êtes, les synchronicités peuvent alors apparaître et entrer en connexion avec votre être véritable.
Tant que vous n'êtes pas connecté à vous-même, vous attirez des évènements déconnectés de vous.
L'extérieur n'est que le reflet de votre intérieur. Ce que vous attirez à vous n'entre en résonance qu'avec ce que vous êtes à chaque instant et avec votre connexion consciente ou inconsciente de votre vibration.

***Si la vie que vous vivez ne vous convient pas c'est que votre vibration est trop basse.
Si la vie que vous vivez est faite de manque, c'est qu'il y a un manque de présence à vous-même.
Si la vie que vous vivez est trop foisonnante, avec trop de choses à gérer, c'est que vous êtes venu compenser ce manque de présence à vous-même par ces illusions***

Lorsque vous êtes connecté à vous-même, les choses sont justes. Elles se font d'elles-mêmes. La détente est là. La vie se vit tel un cours d'eau qui suivrait son flot.
En ayant une qualité de présence à vous-même, bercé d'amour, de conscience et de présence, vous rehaussez votre taux vibratoire, vous redevenez pleinement vous-même et ainsi la vie peut entrer en contact avec vous de façon fluide et douce.

Il n'y a pas plus à faire ou être.
Juste connecté à vous-même au travers de ce silence.
— C'est tout ? Nous diriez-vous.
— Oui.
La vie est plus simple que vous ne l'imaginez.

***Il n'est pas nécessaire de toujours réfléchir aux choses.
Il n'est pas toujours nécessaire de faire un travail sur soi en profondeur.
Il n'est pas toujours nécessaire d'aller chercher des explications rationnelles, irrationnelles, conscientes ou inconscientes, émotionnelles, physiques, cérébrales, etc...***

La vie est là à chaque instant. C'est cette simple connexion à cette vie dans le silence qui vous permet de revenir dans cette présence et cette qualité d'être et de faire l'expérience de la vie.

Nous vous assurons que si vous prenez le temps chaque jour, autant de fois que possible de faire silence et de revenir dans votre être, vous allez vous rendre compte que votre être va s'activer en vous et vous allez naturellement évoluer au fil de vos journées.

Naturellement, les personnages que vous vous étiez créés vont laisser place à votre véritable identité et nature profonde. C'est aussi simple que cela.

Oser se laisser aller. Oser se délester.
Oser s'alléger de complications.

En se laissant être et traverser par cet état d'être, la vie s'organise d'elle-même et elle se traverse et vous n'avez alors plus rien à voir, penser, prévoir ou organiser.
Vous avez juste à recevoir, à vivre et vous laissez être et ensuite, vous saurez naturellement organiser, mettre en place et prévoir. C'est à ce moment-là que votre mental pourra entrer en œuvre, une fois l'information reçue par la vie et votre être véritable et non l'inverse.
Voyez-vous la nuance ?

* *

EXERCICE
POUR S'INSPIRER *

Amusez-vous tous les matins à prendre dix minutes pour pouvoir entrer en connexion avec vous-même.

Dans une position confortable et détendue, prenez le temps d'écouter votre respiration, de revenir dans votre corps et votre cœur et d'être dans l'instant présent, connecté à votre âme.

Une fois dans cette transe profonde et connecté à votre âme, posez l'intention qu'elle vous guide sur votre chemin pour aujourd'hui. Qu'elle vous montre la meilleure façon d'être, de faire et de vivre. Demandez à ce que votre âme prenne les commandes et qu'elle vous montre la voie.
Une fois apaisé et que l'élan du cœur vient vous chatouiller et vous mettre en joie, la connexion a eu lieu, remerciez votre âme et dites-lui :

« Je te fais confiance mon âme,
je te laisse aux commandes.
Montre-moi le chemin, je te suis.
Amen »

Une fois cela fait, vous pouvez rouvrir les yeux tranquillement, bouger votre corps tranquillement, puis vivez votre journée en ayant oublié l'exercice du matin.

N'y pensez plus. Faites votre journée, tout en étant présent et à l'écoute de vous-même.
Laissez-vous traverser par...
Et vous verrez ce qui passe.

Le soir, avant de vous coucher, vous pouvez vous reconnecter à vous-même, remercier votre âme et observer ce qui s'est passé dans la journée.

Observez à quel point votre intention a été vécue ou non.
À quel moment avez-vous eu des réponses ?
Que s'est-il passé ?
Jusqu'à quel point la connexion à votre âme a eu lieu ?
Durant combien de temps ?
Quels ont été les indices qu'elle vous a proposés ?

Notez-le sur un cahier et faites-le chaque jour.
Chaque jour vous verrez que vos intentions sont entendues. Plus vous allez jouer avec ces intentions, les observer et les écouter, plus vous allez entrer en connexion avec votre âme.

Si vous le faites de manière régulière, au bout de quelques semaines vous serez totalement connecté à votre être véritable, encore plus et de mieux en mieux chaque jour.
Continuez ainsi à l'infini et vous commencerez à comprendre la danse réelle de la vie. Elle est aussi simple que cela.

Être dans la joie et l'amour
Poser une intention
Faire confiance à l'âme
Lâcher-prise
Observer
Vivre
Vibrer
Réceptionner
Être dans la gratitude

Si vous faites tout cela et l'incarnez naturellement, petit à petit, alors vous aurez rapidement des résultats et vous ferez très vite de grands pas dans votre vie.
Ceci est le premier palier qui permet d'entrer en connexion avec votre âme et votre être véritable.

Mettez en pratique cet exercice avant de passer à la suite.
Prenez le temps, soyez indulgent, laissez-vous le temps, amusez-vous de cela.

* * * * * * * *

- II -
La voie du cœur par la Source

LA VOIE DU CŒUR EST UNE VOIE SACRÉE
FAITE DE JOIE, DE LÉGÈRETÉ ET D'AMUSEMENT.

C'est la connexion à votre âme d'enfant.
La voie du cœur est ce qui vous fait battre, vous amuse, vous met en vie. C'est ce qui fait circuler la joie et l'énergie.

La voie du cœur par la Source

La voie du cœur est la voie véritable car c'est la seule qui vous permet d'être profondément vous-même. Votre âme n'a d'autres bonheurs que de passer par la voie du cœur. C'est la seule voie par laquelle elle passe réellement.

Vivre une vie en connexion avec la voie du cœur demande de lâcher totalement les perceptions que vous pouvez avoir de vous-même.

Cela demande d'abandonner les personnages que vous pensez être. Cela demande d'abandonner vos croyances, vos perceptions et vos interprétations de la réalité.

La vie est multiple.
Votre âme est multiple.
Votre réalité peut l'être tout autant.

La voie du cœur c'est être capable d'avoir un quotidien totalement différent de ce que vous pensiez être juste et bon pour vous.
La voie du cœur revient à se laisser surprendre par vous-même.
La voie du cœur c'est être dans une posture presque dissociée afin de redécouvrir qui vous êtes vraiment et quelles sont vos envies.
Si vous prenez ce temps silencieux dont nous parlions dans le précédent chapitre et laissez votre âme aux commandes, vous allez découvrir une envie à l'instant T qui peut être totalement nouvelle et qui n'a rien à voir avec ce que votre mental a prévu pour vous aujourd'hui.

La voie du cœur revient à se laisser surprendre par l'âme enfantine qui sommeille en vous.

La vie est jeu.
La vie est faite pour rire, s'amuser, jouir et prendre du plaisir.
La terre n'est qu'une grande aire de jeu.
Le fonctionnement terrestre dans lequel vous êtes est bien trop conditionné d'obligations, de quête de résultats, de compétitions et de contraintes qui vous empêchent d'être libre.
Si vous choisissez la voie de l'âme vous pouvez être libre dès maintenant et décider de vivre une vie qui réponde à cette liberté et ce besoin d'amour si criant que vous avez en vous.
Vous pouvez tout à fait vivre une vie de rêve, celle que vous souhaitez. En suivant votre âme, votre intuition et ce que nous allons vous partager au travers de ce livre, vous allez récupérer votre pouvoir créateur pour créer une vie sur mesure. Vous en êtes capable.
Cette vie sera peut-être vécue sans efforts, ni travail ou dur labeur.

Vous pouvez vivre une vie remplie d'activités si passionnantes que vous n'aurez plus la sensation de travailler.
Vous pouvez jouir d'activités si passionnantes que vous vivez l'abondance en permanence.
En vous nourrissant d'activités fluides et harmonieuses, les choses arrivent de manière étonnante et vous pouvez être surpris de ce que la vie peut vous apporter au-delà de vos espérances.

La vie est généreuse et votre âme aussi.

Votre âme sait exactement ce qui est bon pour vous pour être heureux et profiter pleinement de votre joie intérieure.
Une vie à l'écoute de votre âme est une vie légère, douce, fluide, créative et cela vous permet de faire l'expérience de qui vous-êtes vraiment, sans contraintes ni obligations extérieures venant entraver la réalisation de votre être véritable.
C'est probablement ce que votre âme souhaite vivre.
Pourquoi croyez-vous que la quête de bonheur soit ce qui anime l'être humain ?

Le bonheur n'est rien d'autre que la connexion à soi.

Connecté à votre âme, vous faites l'expérience du bonheur puisque vous êtes dans l'instant présent à vibrer l'amour et la joie d'expérimenter ce que vous avez à vivre. Vous ne vous voyez même plus le vivre. Vous vivez simplement. Vous êtes dans le bonheur. Tel un enfant jouant sans se rendre compte qu'il joue. Tellement heureux et dans l'histoire de ce qu'il vit et se raconte qu'il en fait l'expérience.
Retrouver son âme d'enfant c'est être totalement heureux dans l'inspiration du moment et le vivre avec simplicité.

La voie du cœur est avant tout une démarche d'introspection qui demande de lâcher les perceptions erronées de vous-même.

Cela demande une légère dés-identification. Vous n'êtes pas qui vous pensez être.
Il y a certainement eu plusieurs phases dans votre vie où vous avez été séparé de certains rôles que vous pensiez avoir.
Il y a eu des moments où vous n'aviez peut-être plus le travail dont vous pensiez qu'il était convenable pour vous.
Vous n'aviez plus les amitiés que vous auriez voulu entretenir.
Vous n'aviez plus les mêmes relations de qualité avec votre famille.
Ou peut-être n'aviez-vous plus cette relation de qualité avec vous-même.
Ces évènements sont venus vous désarçonner pour vous montrer combien vous n'étiez plus dans votre axe, dans votre bonheur, ni votre joie.
Durant ces phases délicates, l'égo remonte à la surface pour se plaindre et souhaiter que les choses redeviennent comme avant.
Mais dans ces phases-là, la vie vous offre l'opportunité de vous réaligner vers vous-même.
Si en ce moment vous avez perdu certains repères, sachez que c'est une bénédiction pour que vous puissiez justement en refonder. Vous avez l'opportunité de recréer des fondations solides et à l'image de qui vous êtes aujourd'hui. Ce livre vient vous apporter les ressources nécessaires pour le faire.

Écouter son cœur et son âme revient à se laisser surprendre. Vous pouvez découvrir en vous des connaissances insoupçonnées.

Si vous arrivez à être dans cette qualité du présent, connecté à votre corps, votre cœur et votre âme, à l'écoute de ce que l'instant propose, vous découvrez que l'instant ouvre des portes vers l'infini.

Cet infini vous permet d'expérimenter des choses enfouies en vous dont vous n'avez pas conscience.

Imaginez-vous être à un repas avec des amis sans porter les masques habituels dont vous vous revêtez en société. Il n'y a pas de jugement, tout être humain porte des masques en société.

Imaginez-vous être vraiment vous-même, pour une fois, prenant le temps de réellement ressentir ce que cela vous fait d'entendre telle phrase ou de voir telle posture de tel ami et que vous alliez en profondeur dans votre vérité.

Vous allez vous rendre compte que vous souhaitez dire autre chose, que vous souhaitez exprimer un point de vue que vous ne saviez pas que vous aviez.
Peut-être allez-vous exprimer à voix haute vos observations sur les comportements sociaux que vous observez autour de cette table ?
Peut-être allez vous oser exprimer un ressenti, une émotion que vous avez vis-à-vis de quelque chose qui a été dit ou fait par l'un des hôtes ?
Peut-être allez-vous dire :
— Tiens, j'ai une envie, et si nous nous mettions tous à danser ?

Imaginez un diner d'affaires très sérieux où vous rêvez de rire.

Et si vous osiez le faire ? Casser les codes, créer de la joie, de l'amour et de l'humour ?
Que se passerait-il si vous le faisiez ?
Vous vous rendriez compte que cela pourrait très bien se passer car l'entourage vous remercierait, qu'en savez-vous ?
Si vous êtes profondément aligné à votre âme, celle-ci est toujours entendue et respectée par l'univers et la vie.

Si ceci est fait avec le cœur, bonté et générosité, alors l'envie est accueillie même après un temps de surprise.

L'âme a toujours la victoire.
L'âme voit juste.

Jamais vous n'auriez pensé dire à un diner d'affaires :
— Venez, dansons pour rire !
Peut-être que cela serait certainement le plus judicieux pour conclure l'objectif du diner si c'est ce que souhaite profondément votre âme ?
L'être humain a besoin de rire, de partage, d'amusement, de casser les codes.

C'est en étant parfois dans un axe délibérément décalé que les solutions arrivent.

C'est peut-être justement dans un diner d'affaires qu'il faut mettre plus de folie. Mais par principe, éducation ou habitudes sociales vous n'osez pas puisqu'il faut être sérieux lors d'un diner d'affaires.
Qui a dit que les diners d'affaires devaient être sérieux ?
Qui a dit que les soirées entre amis devaient être légères et divertissantes alors qu'il est parfois nécessaire de parler de choses profondes ?

Tout est possible
à chaque instant.

Ce ne sont que des exemples pour montrer que vous pouvez casser des codes pour vous libérer de vous-même, vous libérer des carcans sociaux, vous libérer des postures que vous vous infligez parfois inconsciemment.

* *

**SI VOUS OBSERVEZ VOTRE VIE
ET LES MOMENTS PASSÉS AVEC LES PERSONNES
QUE VOUS AIMEZ, QUELLE EST VOTRE SATISFACTION
SUR UNE ÉCHELLE DE 0 À 10 ?** *

**QUELLE NOTE DONNERIEZ-VOUS AUX MOMENTS
PASSÉS AVEC LES GENS QUE VOUS AIMEZ ?
JUSQU'À QUEL POINT CELA VOUS SATISFAIT ?**

**ÊTES-VOUS PROFONDÉMENT VOUS-MÊME
À DIRE VOTRE VÉRITÉ ?**

**EST-CE QUE CELA VOUS REMPLIT DE JOIE ET
VOUS NOURRIT POUR AVANCER SUR VOTRE CHEMIN ?**

**ÊTES-VOUS LE CŒUR LÉGER À PASSER CE TEMPS
DE PARTAGE OU LE VIVEZ-VOUS PAR OBLIGATION
OU POUR VOUS DONNER BONNE CONSCIENCE ?**

* * * * * * * *

C'est cela la qualité de connexion au cœur. Il n'y a que vous qui puissiez le faire.

Cette qualité de connexion au cœur demande une parfaite intégrité. Cela demande d'oser exprimer sa vérité profonde quel que soit le regard que les autres pourraient y porter.
Cette connexion au cœur est une profonde connexion à vous-même pour oser vous l'avouer, oser vous regarder en face et oser voir qui vous êtes vraiment.

Que voulez-vous ?
Que ressentez-vous ?

Tout cela peut être léger, ludique et joyeux.
Parfois cela peut faire mal car une fois connecté à votre cœur vous vous rendez compte que finalement, il y a des choses qui ne vous conviennent plus. Ce métier ne vous épanouit pas, cette relation non plus, cette amitié ne vous nourrit plus, il y a peut-être des choses à changer et à transformer.
C'est magnifique de pouvoir le voir. Vous êtes déjà en pleine libération pour vous offrir quelque chose de plus juste et approprié à qui vous êtes vraiment.

C'est une chance énorme
qui demande beaucoup de courage,
de persévérance et de foi.

Nous vous assurons qu'écoutant votre cœur et votre âme, la voie sera toujours juste, d'abondance imminente et le bonheur à portée de main.

La voie de l'âme et du cœur passe par la vérité profonde d'oser regarder qui vous êtes vraiment et de l'assumer.

C'est là que la tension arrive car oser s'assumer vient réveiller des blessures conscientes ou inconscientes du passé, de tous les moments où vous n'avez pas pu être vous-même. Tous les moments où lorsque vous vous êtes exprimé cela n'a pas été reçu.
Tous les moments où vous avez été blessé et où vous vous êtes renfermé sur vous-même.
L'être humain a bien du mal à être pleinement lui-même car on lui apprend toujours l'inverse.

Il existe une multitude d'outils, de livres, de compétences et d'approches qui permettent de lever ces blocages sous toutes les formes au travers de toutes les approches possibles et imaginables.
Vous savez quelles approches choisir, elles viennent à vous de toute façon naturellement.

Ce que vous pouvez aussi faire ce sont des exercices concrets entre vous et votre âme afin de vous libérer de certains liens toxiques conscients et inconscients. Des modes de pensée, des comportements, des liens affectifs, ou des liens avec vous-même par des postures que vous vous infligez par habitude.

Imaginez que vous preniez le temps tous les matins de méditer comme énoncé dans le chapitre précédent et que vous preniez le temps de parler à votre âme pour lui dire :
— Mon âme, permets-moi de me libérer et d'être encore plus moi-même. Montre-moi la voie pour que je puisse encore plus m'affirmer et être encore plus à mon écoute.

* *

IMAGINEZ COUPER LES LIENS DE TOUT CE QUI VOUS ENTRAVE *

Visualisez un panier dans lequel vous mettez tout ce qui vous gêne consciemment et inconsciemment. Mettez dans ce panier tout ce qui vous dérange, peu importe la forme.

Posez l'intention de visualiser ce panier, et tout ce qui vous entrave, vous dérange et vous empêche d'être vous-même, vous le mettez dedans.
Prenez le temps de visualiser ce panier qui se remplit d'objets, de

souvenirs, de personnes, de choses concrètes ou simplement une forme ou une lumière. Peu importe comment vous le visualisez. Ce qui compte, c'est l'intention.
Mettez dans ce panier tout ce qui vous empêche d'être vous-même et d'exprimer votre vérité.

Une fois le panier rempli, demandez à votre âme, la Source, vos guides, vos anges, la lumière, Dieu, votre guide divin, ce que vous souhaitez...

Demandez à quelque chose de plus grand que vous, de couper ces liens qui vous empêchent d'être pleinement vous-même, de libérer votre âme à tous les niveaux. Que toutes les énergies soient redistribuées à toutes les parties, de manière juste et efficace.

Prenez une grande inspiration et sentez ce que cela change en vous de sentir que les liens sont en train d'être évacués.

Une fois que vous sentez que tous les liens ont été coupés à tous les niveaux et que chaque énergie a été redistribuée auprès de chaque protagoniste de manière juste et saine, vous récupérez votre sceptre créatif et votre lumière divine. Votre retrouvez votre pouvoir créateur. Rendez ce panier à la lumière et récupérez votre propre lumière divine.

Visualisez une boule d'énergie qui vous entoure comme votre aura qui s'agrandit. Chaque jour vous verrez une lumière différente. Visualisez cette lumière et amplifiez-la encore et encore.

Plus vous amplifiez cette boule de lumière, plus vous amplifiez votre vibration, plus vous amplifiez votre être véritable. Sentez cette énergie se diffuser en vous et sentez combien cela vous met en joie. Sentez ce que cela éveille en vous. Sentez l'énergie que cela vous procure et ensuite les comportements que cela va créer dans votre quotidien.

Si vous faites cela tous les jours, vous allez sentir votre vibration intérieure s'amplifier et émaner de plus en plus de joie et de lumière.

Avec le travail de l'intention évoqué dans le chapitre précédent, vous allez vous rendre compte que votre âme prend de plus en plus les commandes de façon rapide et efficace, si vous arrivez à être à l'écoute. Ce travail est un duo entre vous et votre âme. Vous et votre foi. Entre « je mets en place » et « je lâche prise ». « Je décide » et « Je réceptionne ». « Je demande » et « j'accueille ».
Tout ceci est un travail intérieur profond mais que vous savez très bien faire.
Nous vous assurons que si vous faites ces deux exercices tous les jours, vous verrez des changements fondamentaux d'ici un mois. Cette mise en pratique certes répétitive peut vous apporter des bienfaits très rapides.

Suite à cette remise en énergie, prenez votre carnet de notes et notez tout ce qui vous vient, tout ce qui vous met en joie, toutes les idées qui apparaissent. Ne notez pas ce que vous jetez, cela peut être très inconscient.

Mais par contre, dès que vous êtes reconnecté à votre lumière véritable, prenez note de vos nouvelles envies et nouveaux désirs.
Relisez ces feuilles chaque jour. En vous focalisant sur ce que votre âme propose, vous vous focalisez sur ce que vous voulez être, ce que vous voulez expérimenter, faire, vivre et vous restez connecté à la lumière, la joie et la beauté.
Restez connecté au positif.

Plus vous vous ancrez sur le positif plus cela vous donne de la joie.
Plus vous êtes dans la joie plus vous avez de l'énergie.
Plus vous aurez de l'énergie, plus vite vous pourrez la vivre.
C'est cela être connecté à la joie, à son âme et son cœur.
C'est aussi simple que cela.

Si vous le mettez en pratique tous les jours, vous verrez de réels bienfaits apparaître rapidement. Vous allez voir votre confiance en vous augmenter chaque jour. Vous allez voir vos envies prendre forme de manière miraculeuse car votre vibration augmentant, vous attirerez à vous des événements en concordance avec votre énergie.

La vie ne fait que répondre à qui vous êtes et à ce que vous émanez. La principale clé est cette vibration. Si vous êtes maître de votre énergie et de ce que vous émanez, vous devenez maître de votre destin.

Maitriser son destin,
c'est maitriser sa vibration.

Il n'est pas encore temps de voir comment vous allez mettre en pratique les choses dans la matière. C'est avant tout énergétique. C'est cela que nous souhaitons vous faire comprendre, vivre et expérimenter.

* * * * * * * *

VOIR PAR LE CŒUR, PAR AURORE

Lorsque j'ai commencé à mettre en pratique cet exercice de connexion à mon âme chaque matin, j'ai effectivement ressenti les différences.

Cela a été étonnant car j'ai eu l'impression de pouvoir intégrer en plus grande profondeur l'énergie vitale que j'avais pour découvrir mes nouvelles envies et mes nouvelles idées. Je ne fonctionnais plus par la tête mais par le cœur.

Je me suis vue demander à mon âme :
— Montre-moi l'action la plus juste pour moi dans les prochaines minutes.

Dans un état méditatif profond, j'attendais qu'une inspiration vienne, une image arrive, un mot m'apparaisse et alors je le mettais en application.

Bien souvent ma journée se dessinait d'une manière totalement différente de mes anciennes habitudes. J'étais en train de passer du personnage terrestre à un être humain connecté à son âme. Une âme profondément incarnée. Mon énergie s'est rehaussée. Mes envies se sont développées. Mes journées se sont transformées. J'ai commencé à mettre en place de nouvelles habitudes de vie.
Aller marcher une heure avant de prendre mon petit déjeuner.
Prendre des bains de mer beaucoup plus réguliers.
Appelez mes amis avant d'aller travailler.
Avant je faisais l'inverse.
Je travaillais d'abord et voyais mes amis ensuite.
Je ne me disais pas :
Tiens je vais aller me faire un bain de sel dans l'océan.
Je voyais plutôt mes obligations et je m'accrochais à elles.

C'est comme si tout ce travail d'intériorité et de connexion à mon cœur et mon envie, m'avait permis de voir la vie autrement. D'une façon plus légère, plus joyeuse, ludique, amusante et profonde à la fois.

Mes actions sont devenues plus justes et plus fluides.
Mes projets se sont mis en place d'une façon totalement légère, presque malgré moi, cela se faisait tout seul.
J'écrivais ce livre quand j'en avais envie, quand l'inspiration venait.
Je faisais des rencontres au bon moment qui donnaient des idées pour les suites des projets à mettre en place.
Lorsque je cherchais une réponse, les personnes sur mon chemin étaient expertes dans le domaine concerné.
Les hasards ont commencé à s'exprimer de manière très puissante. Bien plus qu'avant.

Je n'étais plus en train de vouloir réaliser mes intentions comme je faisais avant. J'étais davantage connectée à cette énergie de cœur qui me poussait à marcher les yeux fermés et le cœur ouvert.

— Tiens je me sens l'envie d'aller dans telle ville. J'y vais.
Ce n'était pas prévu.
J'arrive dans la ville en question, je visite une boutique et comme par hasard la personne qui tient la boutique est très sympathique, elle me donne des messages, des clés pour pouvoir avancer dans mon voyage et elle me fait rencontrer d'autres personnes.
C'était exactement la personne dont j'avais besoin à ce moment là dans ma vie.
Pourquoi donc mon intuition m'a-t-elle dit :
— Vas-y ce matin, c'est le bon moment ?

Comment fonctionne l'intuition ?

Je n'ai pas de réponses concrètes, métaphysiques, spirituelles, logiques à donner.
J'aime faire l'expérience de la foi.
Pour moi, avoir la foi, c'est faire confiance en quelque chose de plus

grand que je ne vois pas et dont j'ignore le fonctionnement.
C'est cela qui m'amuse. J'ai la foi.
Plus je pratique cela, plus les miracles abondent dans ma vie et je ne fais pratiquement plus aucun effort.
Cela ne veut pas dire que je ne travaille pas, ne suis pas consciencieuse ou que je n'ai pas un bel emploi du temps. Bien sûr que j'ai des choses à vivre, faire et construire.

Je me sens davantage en train de réceptionner l'intuition et les synchronicités qu'à vouloir créer ma réalité par l'action et l'effort.

Mon travail est devenu ma passion.
Ma passion est devenue mon mode de vie.
Mon mode de vie est devenu ma raison d'être.
Ma raison d'être me permet d'être qui je suis.
Chaque matin je suis dans une gratitude infinie car j'ai des journées d'une détente extrême. Tout se fait tout seul. Je réceptionne, je vois, j'apprivoise, je ressens l'instinct, l'envie, l'intuition et hop je passe à l'action.
Je suis guidée par mon âme. Chacun de mes pas est guidé par mon cœur. Je ne réfléchis plus à rien. Chaque jour je lâche encore davantage prise.
Encore, encore et encore. Je laisse la place à autre chose, de plus grand : mon âme.

Tout cela a commencé en mettant en application la guidance reçue au début du chapitre.

Du plus profond de mon être, avec l'expérience, je peux vous assurer que cet exercice d'une simplicité affolante fonctionne magnifiquement bien.
J'espère que cela viendra vous faire pousser des ailes de bonheur,

de légèreté et d'insouciance. Je crois que nous pouvons vivre la vie avec une conscience insouciante.

Mon art de vivre est de voir les réponses en chaque instant. Chaque réponse est offerte sous mes yeux.

Par exemple, ce matin, une amie écrit dans un de nos groupes de discussion.
Je suis comme par hasard connectée et je lui réponds. Je sais qu'au sein du groupe, elle est la personne la plus appropriée pour répondre à un questionnement qui me préoccupe. Je lui propose donc de prévoir un moment pour en discuter. La vie a fait en sorte que nous étions connectées au même moment.
Cette synchronicité a créé ma vérité du moment. Je suis connectée, j'ai une demande, je sais que mon amie est là pour moi et comme par hasard elle est là. J'ai besoin d'elle à cet instant et nous sommes disponibles. L'emploi du temps se fait.
Ce que je veux dire au travers de cet exemple anodin, c'est la puissance du planning divin qui est là sous nos yeux en fonction de notre instant présent si nous sommes disponible, ouvert, dans l'accueil et que nous ne prévoyons plus rien pour être prêt à réceptionner l'emploi du temps juste et divin.
En ce moment je l'expérimente de façon très développée puisque je n'ai absolument aucun emploi du temps et que je suis dans une liberté la plus totale. C'est une phase de vie que je m'offre quelques mois pour expérimenter cela pleinement.
Même avec un planning prévu, il est possible de créer des plages horaires de liberté qui font que les synchronicités peuvent apparaître.

Le planning divin est un art de vivre, de pouvoir réceptionner une action en accord avec son énergie, son envie, son cœur et ses idées.

Parfois il suffit de demander à la vie :
Merci de faire en sorte que ce rendez-vous arrive au bon moment.
Merci de faire en sorte que les synchronicités soient plus présentes dans ma vie.
Merci de faire en sorte que je puisse être encore plus à l'écoute de moi-même, de ma vérité et de la justesse de mon moment.
Merci de faire en sorte que je puisse être dans la justesse du planning de mon âme.

Si vous vous amusez à avoir cette synchronicité de la vie, tout va se fluidifier.

Si vous vous amusez à avoir cette disponibilité avec vous-même, vous allez voir en fait que le planning divin est parfait.
Si vous vous amusez à jouir de tous ces instants présents, vous allez surfer sur la vie, jouir d'une vie où tout se fait tout seul avec une fluidité extraordinaire.
Vous êtes en train de réceptionner la vérité du moment qui est en accord avec l'énergie propice de votre âme.

Être présent, disponible, là, prêt à recevoir l'inspiration juste du moment qui se trouve sous nos yeux.

Parfois une phrase est là sous nos yeux avec la réponse du moment, un appel qui arrive, une envie ou une idée, cela demande de lâcher totalement l'état d'esprit d'un planning à suivre.
Au lieu d'être au service de son planning, c'est le planning qui est à notre service.
La vie s'adapte à nous selon notre vérité, notre énergie du moment.
Selon ce qui est juste à l'instant T.
Si vous arrivez à vivre comme cela, vous êtes dans ce que j'appelle le planning divin.

En parfaite harmonie avec les lois de l'univers, les synchronicités, votre envie du moment et l'alignement des planètes.
Pour moi c'est une façon d'être connecté au Grand Tout. Être présent à l'instant et à l'écoute de soi dans son cœur. C'est un état d'esprit, un art de vivre. Cela demande de reconditionner totalement nos fondations intérieures et notre façon de construire notre vie.
C'est un choix et cela peut aller très vite si nous le décidons. C'est un jeu. Vous l'avez déjà expérimenté des milliers de fois sans même vous en rendre compte.

Amusez-vous durant une semaine à juste voir les synchronicités qui arrivent à vous. Sans rien changer de votre mode de vie, juste pour observer. Observez combien de synchronicités vous arrivent en une journée.

Combien de réponses vous sont offertes par l'univers.
Si vous développez cet état d'esprit d'ouverture et de réceptivité vous allez voir combien l'univers vous répond.
Ce qui nous empêche de le voir c'est notre mental, nos pensées, nos habitudes, nos a priori et nos réflexes.
Le simple fait d'accepter d'observer la vie et de voir ce qu'elle a à nous offrir vient déconditionner le reste.

Cet état d'esprit libre, ouvert, curieux et disponible vient transformer notre rapport à la réalité.

Dans un second temps, vous pouvez prévoir des plages horaires pour du rien.

Amusez-vous à prévoir une heure pour ne rien faire.
Respirez, connectez-vous à votre corps et vos envies pour voir ce qui vient de ce rien.

C'est dans le rien que le tout peut apparaître.
C'est de ce rien que les idées magiques peuvent venir.
C'est de ce rien que
des synchronicités autres peuvent arriver.
En faisant de la place nous offrons de l'espace
pour que la vie s'exprime d'elle-même.
De ce rien, nous laissons la place au Tout.

Amusez-vous à ne rien faire, juste à être. Juste pour voir, ralentir, revenir en vous-même.
Cette heure, faites-en des moments de vie réguliers.
Amusez-vous à modifier votre rapport au temps, votre rapport à la vie et votre rapport à vous-même dans votre planning.

Ceci est avant tout un jeu. Si vous avez l'intention de le mettre en place, vous allez voir que la vie vous répond d'une façon magnifique et extraordinaire.

N'hésitez pas à le partager autour de vous, à échanger sur ce sujet. Collaborez avec les êtres humains et le divin pour pouvoir voir à quel point la vie n'est que vibrations. Elle ne répond qu'à la vibration que nous émanons.

Si vous désirez jouer à tout cela,
la vie jouera avec vous, soyez-en certain.

- III -
Revenir dans le corps et le chakra sacré

LA PRATIQUE CONSCIENTE DE L'ÉNERGIE DU CHAKRA SACRÉ, NOMMÉ AUSSI LE DEUXIÈME CHAKRA.

Le chakra sexuel, créatif et source de vie est un chakra très important. Tout autant que le chakra racine se trouvant en dessous permettant l'ancrage et la connexion à la terre mère, le chakra sacré lui, nous permet de retrouver notre créativité.

Revenir dans le corps et le chakra sacré

Je souhaite vous partager des connaissances sur le pouvoir créateur qui réside en vous afin que vous puissiez façonner votre vie à votre image, il est important de bien comprendre, connaître et d'avoir bien conscience de ce chakra sacré.

Le chakra sacré est le point de départ des kundalinis. Le chakra sacré est source de jouissance et d'énergie de vie.
C'est le chakra qui vous permet d'être connecté à la terre aussi bien qu'au ciel.

Le chakra sacré est ce qui vous permet de créer votre vie à votre image. Le chakra sacré est ce qui permet à votre âme de mettre en mouvement et en vibration les énergies qu'elle émet d'elle-même, de par votre corps, vos énergies et votre vérité intérieure.

La guidance nous invite à nous connecter de façon régulière à notre chakra sacré, en conscience, en le visualisant comme une boule d'énergie qui serait fondée en nous dans le bassin et le bas du ventre.

Si nous voyons cette boule d'énergie de façon consciente, nous pouvons nous amuser à jouer avec.
Il n'est pas nécessaire de le ressentir profondément, la visualisation est suffisante pour nous amuser à jouer avec ce chakra créatif.

* *

SE CONNECTER AU CHAKRA SACRÉ ET RECEVOIR L'INTENTION DE SON ÂME

* * * * * * * * * * * * * * *

Imaginez que dans votre bassin et le bas du dos, entre le nombril et le coccyx se trouve une boule d'énergie immensément grande comme le soleil, ou comme de la lave, quelque chose de chaud, de fort et qui aurait une source infinie de lumière et d'énergie.

Cette boule lumineuse se trouvant en vous est une boule lumineuse connectée au Grand Tout.
Vous pouvez tout à fait vous connecter à cette boule lumineuse, en visualisant une énergie de couleur orange, rouge clair ou orange foncé. Imaginez cette boule d'énergie comme un soleil intérieur qui serait en fait la source sacrée de votre être véritable.
Tous vos chakras sont des portes d'entrée vers votre être véri-

table mais imaginez celui-ci comme le plus abondant et fluctuant. Comme étant celui qui vous permet d'accoucher de vous-même. Cette boule orange si chaude et mystérieuse que vous portez en vous, est une boule d'énergie sacrée qu'il s'agit de manier de façon respectueuse et sacrée.

Imaginez que vous ayez ce soleil intérieur au fond de votre bassin et que vous puissiez vous connecter à cette énergie et cette boule orange.

En vous connectant à cette boule, vous pouvez amplifier les sensations que vous ressentez.
En vous connectant à cette énergie du bassin, quelle que soit votre énergie actuelle, imaginez-vous pouvant augmenter cette boule d'énergie afin que le bassin évolue, se transforme et émane encore plus de créativité qu'il ne le faisait jusqu'à présent.

Imaginez cette boule orangée augmenter et s'amplifier à chaque instant où vous y prêtez attention.

Si cela vous aide, aidez-vous de vos mains pour visualiser cette boule d'énergie. Agrandissez-la encore et encore.
Plus vous la faites grandir plus votre ancrage est présent en vous.
Vous sentez que la connexion à la terre mère est de plus en plus présente. Votre corps s'ancre, votre âme vient dans le corps.
Elle vient s'ancrer profondément dans le bas du dos et le bassin.
Continuez d'amplifier cette énergie encore et encore.
Plus vous l'amplifiez, plus vous sentez votre poids et plus vous sentez votre ancrage.

Amplifiez cette énergie jusqu'à la faire grandir à tel point que cela inclut les autres chakras.

Elle arrive à vos épaules, puis dépasse votre tête, puis dépasse votre aura etc. Cette boule créative peut être aussi grande vers l'infini que vous le souhaitez.
Cette boule créative orange n'est rien d'autre que vous-même.

Faites remonter cette boule orange dans son centre le long de votre colonne vertébrale.

Comme si cette boule est le point central du grand cercle qu'elle irradie. Faites remonter cette immense boule, chakra après chakra. Voyez cette boule aussi grande que la terre et son point central remontant le long de votre colonne vertébrale. Vous pouvez même vous aider de votre main si vous le souhaitez.
Imaginez votre paume de main comme étant le centre de ce grand cercle de lumière. Et avec paume de main, vous remontez point par point les chakras.
Sentez ce que cela change en vous. Sentez la connexion à votre corps évoluer. Sentez les contours de votre corps évoluer et l'énergie s'intensifier et évoluer.
Remontez tranquillement et lentement, en pleine conscience.
Plus vous montez, plus l'énergie est stimulée jusqu'à votre chakra couronne et plus encore. Une fois-là, votre chakra sacré embaume tout votre être.

De là, vous pouvez faire un pas en avant symbolique ou réel, afin de visualiser votre futur moi profond. Votre être véritable dans un futur proche ou lointain.

Faites un pas en avant pour voir ce qui se passe.
Comment vous sentez-vous ?
Que ressentez-vous ?
Qu'est-ce que cela change dans vos perceptions, vos sensations ?

Vous pouvez ensuite faire redescendre cette boule point par point le long de votre colonne afin de revenir en son centre au sein du chakra numéro deux, le chakra sacré.

Une fois réalisées cette montée et cette descente, sentez comment cela a changé l'énergie de votre être.
Qu'est-ce que cela a changé en vous ?
Comment vous tenez-vous ?
Comment respirez-vous ?
Quelle posture intérieure avez-vous ?
Quelles énergie et intention avez-vous ?
La première intention vous venant est la bonne.
Cette première intention est exactement celle dont vous avez besoin à cet instant. Cette intention envoyée par le chakra sacré et votre âme est l'intention que vous avez besoin d'émaner et de vivre dans les heures qui vont suivre.

Si vous faites cet exercice tous les matins vous accéderez à l'intention dont votre âme a besoin pour œuvrer comme il se doit dans votre vie.

Cet exercice est intéressant car il vous permet d'être dans la réceptivité et l'écoute. Être connecté à soi-même et son âme, n'est pas seulement une écoute active mais une écoute de réceptivité.
Être réceptif à l'information envoyée. Cette information est énergétique, émotionnelle, corporelle ou visuelle.
C'est cela être réceptif à son âme.
Si vous vous amusez à jouer avec ces sphères là, vous jouez avec les sphères de votre âme, les sphères invisibles.
L'émotion, la sensation, le visuel sont impalpables et pourtant bien réels puisque vous le vivez.
Cela demande une présence à vous-même.

D'où le silence évoqué lors du premier chapitre et d'où la connexion au cœur et à la foi. Il y a bien quelque chose en vous qui vous guide ; votre âme.
Si vous êtes convaincu de cela, vous arrivez à l'étape qui est celle de jouer à communiquer avec votre âme, de par les sensations. C'est elle qui vous guide.

Si vous vous amusez tous les matins à faire cet exercice en plus des précédents, vous vous verrez recevoir l'intention.

Ce n'est plus simplement vous qui posez une intention mais plutôt votre âme qui vous guide à la recevoir. Votre âme voit plus loin que vous. Elle sait ce dont vous avez besoin pour vivre chaque journée. Une fois l'intention réceptionnée au travers d'une image, d'un mot, d'une sensation, une émotion, nommez-la et concentrez-vous là-dessus.
Par exemple pour ma part, je viens de recevoir que l'intention de mon âme est d'être déterminée et ancrée. C'est ce que j'ai ressenti. Je me sens plus ancrée que tout à l'heure et je sens que j'ai besoin d'une détermination intérieure.
Tout le contraire de ce que mon mental pensait.

Prenez le mot qui vous vient et ancrez-le face à vous. Visualisez-le.

Regardez ce mot, qu'est-ce que cela réveille en vous ?
Quelles envies apparaissent lorsque vous vous connectez à ce mot ?
Par exemple, pour ma part :
Être déterminée pour quoi ?
Déterminée, cela me fait ressentir quoi ?
La détermination me permet d'avoir quelle vision sur ma problématique ?

Notez tout ce qui vous vient. Par écrit ou oralement, sans réfléchir. Le mot apparu est celui dont vous avez besoin.

Notez sans réfléchir ce qui vous vient en lien avec ce mot.
Par exemple j'ai besoin d'être déterminée dans ma vie par rapport à ce projet. La détermination va m'apporter ceci et cela, etc.
Une fois ce mot bien ressenti et après avoir noté tout ce qu'il vous apporte, demandez à votre âme de vous guider dans les heures qui suivent ou la semaine à venir, à incarner ce mot et revenez en vous.

— Merci mon âme de me proposer cette détermination et de me la faire vivre et ressentir chaque jour et chaque semaine. Permets-moi de ressentir cette détermination pour bien l'ancrer. Amen. Merci.

* * * * * * * *

En faisant cet exercice subtil et savoureux, vous permettez à votre âme d'entrer en communication avec vous et vous vous permettez de réceptionner ce qu'elle a à vous dire.

Cette qualité d'être, de réceptivité et d'écoute avec votre âme, est une loi intransigeante. C'est à dire que ce n'est pas vous qui êtes aux commandes mais bien votre âme qui propose la solution.
En étant dans cet état de réceptivité, vous commencez à être dans cet état de lâcher-prise. Le lâcher-prise ne demande pas de prévoir, d'organiser ou d'être aux commandes des choses mais au contraire de réceptionner ce qui vient à vous d'une manière ou d'une autre.
En étant dans cette réceptivité, vous êtes à l'écoute des lois de la vie. En étant à l'écoute des lois de la vie, vous êtes alors à l'écoute de votre vie et de vous-même.

Voyez-vous, ce principe est simple et efficace, il ne tient qu'à vous de le mettre en pratique et de l'exercer.

Si vous arrivez à avoir cette qualité de réceptivité vous serez alors capable de générer ensuite, ou plutôt devrions-nous dire, de laisser la vie générer les choses qui doivent arriver à vous.
Ce n'est plus vous mais votre âme qui est aux commandes.
La vie ou votre âme, c'est la même chose, sait ce qui est bon pour vous.
Dans cette réceptivité vous verrez le nombre de cadeaux que la vie vous envoie.

Si vous choisissez votre âme,
elle vous le rend.

La vie, l'âme est généreuse à qui l'aime. L'univers est généreux, il n'offre que de l'abondance à celui qui se l'offre lui-même.

Certes parfois des évènements semblent douteux, inappropriés ou inattendus, mais si vous dites oui, si vous êtes dans cette réceptivité, vous comprenez le cadeau caché de chaque situation.
Parfois un événement semble néfaste en apparence alors que c'est une bénédiction.
Parfois les évènements n'arrivent pas comme vous l'auriez souhaité avec votre tête, puisque justement l'idée n'est pas de prévoir mais de réceptionner.

Laissez-vous surprendre et bercer par la danse joyeuse de la vie. Si vous vous laissez surprendre et réceptionnez, alors la vie peut vous envoyer exactement ce dont vous avez besoin.

Cela demande de lâcher prise totalement. De laisser la forme des évènements venir à vous et non de les décider ou prévoir. Cela

demande de lâcher totalement la façon dont vous vous sentez.
La seule chose que vous avez à maîtriser c'est votre énergie et votre vibration, vos intentions et cette connexion à votre âme. Ainsi que cette écoute envers votre âme et ce que la vie vous envoie.
C'est une question de fréquence et de résonance.
Nous vous invitons à maitriser votre fréquence vibratoire et ensuite à réceptionner la fréquence envoyée par la vie qui se traverse au travers d'évènements, de rencontres, d'émotions, de prises de conscience ou d'inspirations.

Comprenez que cela n'est qu'une question de vibration.
Si vous maitrisez votre vibration, les évènements justes arriveront à vous.

Ne cherchez plus à contrôler l'extérieur, ni la vie, ni à vous contrôler vous-même. Cherchez au contraire à maitriser votre énergie, votre joie, votre vibration et la connexion à votre âme.
Si vous êtes connecté à votre intériorité, le reste suivra de manière fluide et logique et tout se mettra en place tranquillement en fonction de ce que la vie (votre âme) aura décidé pour vous.
Oui cela demande un immense lâcher-prise, vous n'êtes plus tellement aux commandes des évènements de votre vie, mais c'est le but du jeu : laisser votre âme aux commandes.
Vous verrez que votre âme est plus rapide et maligne que vous. Les choses apparaissent parfois de manière exceptionnelle, inattendue. Ce que vous auriez pensé possible dans six mois peut se mettre en place en l'espace de six jours par votre âme.

La vie, les hasards et les synchronicités se chargent de vous montrer le chemin.
Cette façon de vivre vous permet de retrouver votre créativité.
Vous dansez en confiance avec la vie et lâchez prise.

Vous allez vous voir mettre en pratique cette connexion de façon exponentielle et cela va créer de nouvelles choses, de la magie et des dons insoupçonnés peuvent émaner de vous. Des capacités insoupçonnées de confiance en vous, de lâcher-prise, d'acceptation de ce qui est. Vous aurez un angle de vue différent sur la vie. Une joie extrême à vivre votre vie quelle que soit la forme qu'elle prend. Être connecté à son âme apporte une grande confiance en soi. Car être connecté à soi-même, à son âme c'est être à l'écoute de son être véritable.

Faire l'expérience de qui nous sommes vraiment est la clé du bonheur, de la joie, de l'abondance et de ce sentiment de sécurité et d'amour qui nous appelle.

Cette connexion permet de revenir à l'essentiel. De vivre une vie en accord avec vos valeurs. Vous n'avez plus besoin de courir après un personnage ou des projets, vous devenez le projet en lui-même. Et cette sensation d'être connecté à votre monde intérieur vous permet de jouer ensuite avec le monde extérieur qui n'est rien d'autre que le reflet de votre intériorité.

La connexion à son âme, offre un espace de liberté magique et délicieux. Maître de soi et de sa destinée, les peurs se dissipent au profit d'une énergie foisonnante et exponentielle quand celle-ci est maitrisée. Cette qualité de présence à soi et de maitrise de son énergie est une loi de maitrise essentielle envers soi-même.

Vous êtes libre de vous même et maître de votre destin. Et tel un peintre sur sa toile, vous dessinez la vie sur mesure à laquelle vous aspirez. Vous découvrez d'autres manières de fonctionner, de voir le monde et d'agir. Ces façons peuvent être plus douces, détendues et dans la réceptivité.

L'effort semblera superflu. La vie devient une danse joyeuse au fil de l'eau, sur laquelle se délecter pour se laisser bercer par elle.

Il y a toujours des actions à faire.
Être réceptif ne veut pas dire passif, bien au contraire.
Être réceptif est une écoute active qui demande d'agir en fonction de ce que vous ressentez. Vous ne restez pas en vous-même à attendre que la vie fasse les choses.

C'est un tango joyeux entre vous et l'âme.
C'est un tango joyeux entre vous et la vie
C'est un tango joyeux entre vous et l'intuition
C'est un tango joyeux entre vous et l'intention.
Ce sont des synonymes.

L'âme vous guide et vous entrez en action en suivant son énergie, comme la femme suit l'homme au tango.
Vous suivez le mouvement que la vie vous propose.
Comprenez-vous cet état d'être ?
C'est une posture joyeuse, ludique et légère. Le seul ennemi est le mental. Lui fonctionne autrement et aime faire trébucher cette danse consciente.
Le mental aime contrôler, comprendre, maitriser. D'où le silence intérieur pour le dépasser. Le silence dévie le mental de sa direction, il ne lui laisse aucune place.

C'est le fait d'écouter votre cœur qui vous aide à oublier le mental. Concentrez-vous sur vos ressentis plutôt que sur vos pensées et présuppositions.

Le mental dit parfois vrai, il est utile.
Mais il est parfois nécessaire de lui redonner sa juste place. Du premier rôle, il passe au second plan.
Le mental peut servir à mettre en pratique certaines choses, à mettre de la logique et de l'action sur ce que l'âme propose.

L'âme souffle la direction, le mental l'applique.
Ce travail intérieur de faire taire le mental, pour que le cœur puisse avoir le premier rôle est un travail journalier. Une décision, une intention, un muscle à renforcer en vous.
Les exercices proposés ici sont des aides journalières propices.

De grands changements arrivent lorsque vous vous amusez à les mettre en pratique de façon journalière.

Nous vous invitons encore une fois à adapter cela à votre manière. N'hésitez pas à faire évoluer ces exercices et ces postures intérieures. Vous êtes tous différents et votre âme souhaite des choses différentes.

* * * * * * * *

CONNEXION À CE JEU DE L'ÂME

Je me suis amusée à mettre en pratique ce que la guidance nous propose dans ce chapitre.

Aussi étonnant que cela puisse paraître, perdre « le contrôle apparent » de ma vie a en réalité renforcé mon sentiment de sécurité, de justesse et d'alignement.
Cela m'a pris plusieurs semaines pour arriver à suivre l'élan de mon cœur et comprendre ce que m'on âme me dit. Même si j'ai ce don de médium je ne vis pas avec au quotidien et j'ai à cœur de rester sur terre, dans mon corps et de suivre mon cœur et non les guides. Même si je vais les voir régulièrement pour m'assurer que mes choix sont bons pour moi. Mais vous les connaissez, les guides sont farceurs et lorsque j'ai besoin d'apprendre une leçon de vie, aucun

guide ne m'empêchera de prendre la mauvaise voie apparente si celle-ci me permet de grandir en conscience.
Mais revenons à cette connexion à l'âme. J'ai pris soin de pratiquer cet exercice chaque matin durant quelques semaines et effectivement ma connexion à mon cœur s'est transformée et apaisée. Comme si j'étais plus facilement apte à me suivre moi-même dans ma vérité profonde.
J'ai pu constater à quel point la femme que je pensais être et comment elle vivait n'avait rien à voir avec ce que mon âme et mon cœur souhaitaient.

Cette pratique m'a montré le nombre de peurs qui régissaient ma vie sans que je m'en rende compte.

Je faisais des choix par habitude, par peur de manquer, par oubli de moi ou par automatisme.
Ce qui m'a le plus surprise, c'est de voir la douceur de vie dont j'avais réellement besoin. D'une femme active, faisant pas mal de sport, je suis devenue une femme plutôt contemplative et j'ai ralenti énormément mon train de vie.
Mon besoin de nature n'a fait que grandir et j'ai passé plus de temps dans mes silences que dans une réalité d'action.
Mais le plus fort dans tout cela c'est que ma vie s'est transformée d'elle-même.
A rester centrée en moi-même, à prendre soin d'avoir une énergie haute, j'ai eu à cœur de m'entourer mieux. J'ai mieux choisi les lieux de vie durant mon voyage. Je me suis sentie plus sensible à mon environnement. J'ai eu besoin de quitter des relations qui me tiraient en réalité vers le bas mais avec lesquelles je restais attachée par manque affectif, habitude ou sentiment de loyauté.
A force de suivre le rythme de mon cœur, j'ai pu être plus à l'écoute de mes vraies envies. Mon bien-être quotidien et mon art de vivre

sont devenus une priorité. Ma vie s'est transformée. J'ai pris soin de moi, de mieux en mieux, chaque jour. Plus je me donnais de l'amour et du respect, plus mon aura et mon énergie changeaient. Et c'est là que les miracles sont arrivés. En changeant mon énergie, mes pensées et mes freins se sont dissipés. Par mon amour propre, je me suis autorisée plus d'abondance autour de moi. Des personnes ayant une vibration totalement nouvelle sont apparues dans ma vie. Des projets incroyables m'ont été proposés. J'ai pu les accepter et les vivre car j'étais plus généreuse avec moi.
A force d'augmenter ma vibration, ma vie a augmenté en puissance. Des idées et des talents ont émergé en moi alors que je n'y pensais pas.

Ce travail énergétique a débloqué des portes fermées en moi. Juste par l'énergie. C'est comme si cette maitrise énergétique m'apportait une guérison profonde et un bien-être total.

J'ai senti mon âme prendre toute sa place. Mon cœur s'ouvrir et rire. Mes envies et mes joies s'exprimer instantanément.
Je ne me sens pas du tout experte dans les énergies, les chakras et tout cela mais j'ai senti vraiment la joie profonde de mon cœur d'être enfin entendu.
Alors oui j'ai dû lâcher des convictions. J'ai oublié mes repères sécurisants et j'ai fait confiance.

Mon âme me souffle :
— Va par là, c'est mieux.

Mon mental serre des dents en disant :
— C'est trop, cela va trop loin.

Je me raisonne et je décide de le faire quand même.
Et paf, la vie m'envoie un cadeau magnifique.

Mon âme a toujours raison même si j'ignore à l'avance où elle m'emmène.
Je continue à faire des allers-retours entre mes peurs et mon âme mais cela se fluidifie.
Aujourd'hui je me sens en paix. En osmose avec la vie. Je ne vis pas du tout la vie que j'imaginais, elle est différente mais tellement plus juste. Ce que je croyais juste pour moi n'était pas tout à fait vrai.
Mon âme m'a guidée vers la vraie voie, elle m'étonne mais je suis tellement plus calme depuis.

En paix.
En vérité.
En lien avec la vie.

Je laisse le cours des choses me montrer le chemin. Je vérifie si c'est ok, puis j'y vais et tant pis si ma vie est différente, elle est plus belle ainsi.

L'importance de cette écoute de mon âme m'a permis d'augmenter mon taux vibratoire et mon alignement dans ma vie.

Le taux vibratoire de la terre ne faisant qu'augmenter, il semble judicieux de savoir l'accompagner pour bien vivre la suite des évènements. La pandémie mondiale vient soulever certains points. Voyez-vous les effets positifs de ces évènements ? Outre la question politique, la liberté de choix et d'action et ce qui se trame dans l'invisible, il y a aussi des faits qui ne sont pas à négliger.
De nombreuses personnes ont eu à cœur de revoir leurs priorités et leur mode de vie. Les confinements successifs ont été une opportunité de revenir en soi, de voir ce qui compte vraiment et d'améliorer certaines choses. Cette pandémie a du bon car elle permet aussi d'évoluer en conscience.

L'écoute de soi, de son âme, de sa vérité intérieure est une voie propice à notre bon développement. Les années à venir semblent nous proposer de profonds changements et il convient de les suivre à leur juste mesure.
Chaque personne est amenée à faire les choix qui sont bons pour elle. Quelle réalité souhaitons-nous vivre ? Quel monde souhaitons-nous voir demain ?
Chacune de nos actions en découle et je constate que cet alignement est primordial.

Si notre âme souhaite nous souffler une direction, il est préférable de la suivre. L'âme aime et agit, elle ne vit pas dans la peur.

L'importance de chacun de nos choix découle de nos peurs ou de notre amour. Que souhaitons-nous vivre ? Jusqu'à quel point accordons-nous de l'importance à notre vérité ?
Combien de personnes ont agi en fonction d'interdits proposés suite à la politique plutôt qu'à leur vérité intérieure ?
Quels choix faisons-nous ?
Obéissons-nous à des contraintes ou des lois extérieures ?
Ou sommes-nous en mesure de suivre nos lois intérieures sans être contraints par l'extérieur ?
Quelle vie vivons-nous ?
Quelle vibration émettons-nous ?

Cette qualité de conscience me semble primordiale pour suivre les changements planétaires qui arrivent.

Ce que nous vivons depuis quelques années vient réveiller cette vérité. A quoi participons-nous ? Sommes-nous conscients de ce qui se passe ? Sommes-nous réellement en train de vivre notre plus belle vie ? La meilleure version de nous-même ?

Ces questions fondamentales à notre réalisation suivent la vérité de notre cœur. Où est la juste mesure ? Où se fonde notre vérité ? Notre âme à la chance de pouvoir nous le souffler et tant que cette connexion divine réside, profitons-en.
Ce qui se passe dans le monde est stratégiquement poussé à nous désunir, à nous couper de notre vérité intérieure et à nous endormir. A nous de rester conscients au maximum de ce que nous pouvons.
Rien ne peut venir altérer une énergie d'amour.
Rien ne peut abaisser la vibration de cœur.
Notre âme et sa connexion sont une clé, sensible, invisible mais d'une puissance magnifique.

Si cela résonne en vous, augmentez cette fréquence au maximum, cela peut changer et influencer l'énergie du monde qui en a bien besoin.

Je vous souhaite de vous investir au mieux, de gagner en autonomie et en puissance vibratoire afin de créer votre vie idéale.
Je vous souhaite d'être maître de votre destin en étant à l'écoute de votre âme, car cette réceptivité vous permet d'être à l'écoute de votre destinée.
Amusez-vous bien.

* * * * * * * *

RETROUVEZ LA MÉDITATION GUIDÉE
PAR AURORE, EN « LIVE » SUR :
https://www.editions-atlantes.fr/produit/libre/

* * * * * * * *

- IV -
La porte de l'intuition

NOTRE ÂME PASSE PAR L'ÉNERGIE,
L'INTUITION ET LA SENSATION.

Cette douceur intuitive qui émane de nous est le lien entre nous et notre âme. Notre âme ne peut porter des mots, elle n'a pas de paroles. C'est notre personnage terrestre qui a la parole.

La porte de l'intuition

Il en va sans dire au vu des chapitres précédents que les exercices proposés et ce rapport à nous même passe forcément par l'intuition, la sensation, la réceptivité, le sensitif, l'impalpable et l'invisible.

Pour être en connexion avec notre être véritable, l'intuition me semble la meilleure voie. C'est ce qui nous permet de le vivre et de l'incarner.
Pour être en connexion avec les lois de la vie, notre âme passe par cette qualité d'être intuitive, sensorielle et émotive.
L'intuition est le chemin le plus court pour suivre notre âme.

L'intuition c'est se dire : « ok, quelle est la première chose qui vient ? » et hop, le faire de suite sans se poser de questions, en toute confiance.
Nous l'avons déjà vérifié tellement de fois dans nos vies, notre première intuition est la bonne.
Ensuite notre mental rapplique et vient mettre son grain de sel en analysant pour réfléchir, mettre une ou deux options supplémentaires et s'amuser à nous faire douter de notre premier choix en le comparant à tous les autres. Quel farceur celui-là !
Notre mental adore nous éloigner de notre source profonde, ainsi est fait son mauvais caractère.

L'intuition nous permet d'être instinctif.
C'est faire confiance à chaque instant.
C'est être à chaque instant dans l'instinct.

Notre instinct nous permet de vivre en totale corrélation avec notre âme. Notre instinct nous permet d'agir en une seconde sans réfléchir, voire d'être dépassé par notre propre impression.

Si nous arrivons à être instinctif au quotidien, nous arrivons à être exactement là où il faut à chaque instant.

Ce n'est pas toujours simple à faire mais à force d'entrainement cette action intérieure devient une seconde nature.
Comme lorsque nous commençons une glace au chocolat délicieuse, il n'est pas si difficile de reprendre plusieurs cuillères. Le plaisir est un bon moment.
Il en va de même avec le plaisir que nous avons d'écouter notre intuition. C'est un jeu, à mes yeux.
Plus nous osons être nous-même, exprimer notre vérité, suivre notre cœur dans cet état de réceptivité, plus notre instinct prend place.

Notre instinct nous pousse à agir avant de réfléchir.
Notre instinct suit notre corps avant de suivre notre tête.
Notre instinct écoute notre cœur et non notre mental.
Notre instinct nous permet de retrouver notre âme d'enfant.

L'enfant est instinctif, il agit et ne réfléchit pas. Il ne comprend parfois même pas ce qu'il vit, il l'expérimente pleinement.

Plus nous oserons croire en notre instinct, plus nous retrouverons notre confiance en nous. La vie est bien faite, tout est toujours parfait lorsque nous sommes à l'écoute.

Être à l'écoute de nous-même et de notre instinct passe par cette qualité d'être, ce silence, cet état intérieur réceptif, cette relation positive à la vie en disant oui à tout ce qui se présente d'agréable ou de désagréable. Car lorsque nous acceptons ce qui est, même si cela est désagréable, alors l'énergie circule. C'est lorsque nous sommes en résistance que l'énergie stagne et perdure.
L'acceptation permet de suivre l'impermanence de la vie.
C'est être capable d'écouter notre radar intérieur.
Cela demande une grande présence à nous-même.
Cela nous demande une qualité d'être, certes indomptable dans un premier temps, mais à force d'entraînements cela se dessine grâce à notre détermination. Je crois même que ce fonctionnement est totalement naturel. Nous avons juste besoin de retrouver notre façon d'être « primaire » et déconditionnée. Je suis intimement convaincue que notre rapport à nous-même a été dévié par de nombreuses civilisations depuis la nuit des temps et que nous avons à nous souvenir de qui nous sommes vraiment.
Notre être véritable, notre énergie et notre âme, sont totalement reliés à notre capacité à les écouter pour être dans l'instant présent et donc connecté au Grand Tout et à l'entièreté de l'espace-temps.

Cette écoute de nous-même est un art de revenir dans ce silence intérieur, dans l'amour du présent et de ce qui est.

Avec la pratique nous devenons actif et réceptif au même moment. Présent et observateur.

Comme si nous étions sur deux niveaux au même moment.
Nous sommes dans la vie et l'action tout en étant à l'intérieur de nous-même, à l'écoute et dans l'observation de notre intériorité pour bien suivre notre radar intérieur.
Cette action réceptive nous permet d'agir avec fluidité dans notre vie et d'être à l'écoute de la symphonie de l'univers et loin de la dissonance du mental.
A chaque instant, nous pouvons nous demander si nous écoutons :
Notre mental ou notre instinct ?
Une habitude ou notre envie à l'instant T ?

Prenons l'exemple de Nathalie.
Nathalie souffre de boulimie. Dès qu'elle en ressent l'envie, elle mange et cela la fait souffrir.
Mais où se trouvent l'envie et l'habitude ?
Car lorsqu'elle le fait, c'est aussi bien par envie que par habitude.
Quelle est la différence ?

Voici ce que la guidance a répondu pour elle :
« Nathalie a besoin de faire la différence entre la pulsion (le besoin primaire) et l'habitude qui vient compenser un manque affectif.
Ce qu'elle prend pour une envie de manger est en réalité une envie de combler un manque. La nourriture n'est qu'un choix parmi d'autres pour y répondre.
Elle a donc besoin de prendre le temps d'aller en profondeur pour voir d'où vient son envie. De quoi a-t-elle réellement envie ?

L'habitude va choisir la nourriture alors que son âme, elle, va choisir de recevoir de l'amour d'une manière ou d'une autre. »

C'est comme un curseur intérieur.
Où plaçons-nous notre attention ?
Quelle part de nous suivons-nous ?
Expérimentons-nous l'âme ou l'égo ?

Nous pouvons le ressentir physiquement. Notre énergie est-elle au niveau de la tête, du cœur ou du ventre ?
Chaque expérience est bénéfique, elle nous mène juste à des endroits différents.
Si nous souhaitons être au niveau de l'instinct connectons-nous aux chakras du bas (racine et créatif). Pour nous connecter au cœur, choisissons les deux du milieu (solaire et cœur). Pour nous connecter à notre divinité choisissons les trois du haut (gorge, troisième œil et couronne).
Mais pour faire un choix aligné à tous nos chakras, deux seuls suffisent. Le chakra créatif et celui du plexus solaire.
Je me permets de préciser pourquoi le choix de ces deux chakras ?
Car d'après la guidance, cette synchronisation des deux chakras permet de nous relier intrinsèquement à tous les autres et donc à notre alignement total. C'est parce que nous sommes reliés au créatif et au solaire que nous nous offrons l'opportunité de vibrer haut et fort.
Si nous ne choisissons que le chakra du solaire, cela peut influencer nos émotions à prendre le dessus.

Si nous nous focalisons seulement sur le créatif alors nous répondons à nos instincts primaires et physiques mais nous en oublions l'amour.

La connexion des deux offre un doux équilibre.

Si nous nous connectons déjà à ces deux chakras, c'est comme si cela nous connectait à l'ensemble de nos chakras. Cela renforce notre alignement et notre intégrité.

En nous focalisant sur cet espace corporel à chaque instant, nous pouvons voir si nous nous crispons ou si nous nous détendons face à une situation. Si cela respire ou non.

En nous focalisant à cet endroit, nous recevons l'information instinctive. Si nous nous contractons c'est que quelque chose ne nous convient pas et inversement si nous nous détendons et respirons de façon ample, c'est que l'âme valide.
Lorsque nous avons une décision à prendre ou que nous hésitons, nous pouvons aller voir ces chakras pour leur demander la réponse. Là où la respiration est, nous pouvons aller. Ces prises de décision sont plus justes et nous permettent d'avancer plus vite dans la direction souhaitée.
Cela me semble plus judicieux que de prendre des décisions avec notre mental qui lui va vouloir prendre le temps d'analyser, de réfléchir, de peser le pour et le contre pour finalement ne pas savoir puisque c'est l'expérience qui apporte les réponses. Tout ce temps perdu dans la tête est un temps où nous ne vivons pas notre vie. Alors qu'en suivant l'instinct, nous agissons en conscience et vivons pleinement notre vie qui se réajuste d'elle-même si besoin. Pas besoin d'y réfléchir, il vaut mieux vivre, ne trouvez-vous pas ?

Connecté à nos chakras, nous nous connectons à notre être véritable. Notre être véritable nous parle par intuition et nous agissons par instinct.

Par moment je m'amuse à imager une main au niveau de ces chakras qui viendrait me dire si oui ou non c'est la bonne direction.

* *

AMUSONS-NOUS UN PEU POUR NOUS ENTRAINER

Visualisez votre plexus solaire, imaginez une belle boule jaune et mettez votre main juste devant. Pouce relevé cela veut dire oui. Pouce vers le bas, cela veut dire non.

Choisissez une situation où vous avez un choix à faire.
Demandez ensuite à votre âme de vous montrer au travers du plexus si oui ou non vous devez aller dans telle ou telle direction.
Mettez votre pouce vers le haut et sentez si votre plexus se contracte ou non.
Mettez le pouce vers le bas et sentez si votre plexus se contracte ou non.
La réponse apparaît.
Jouez avec cela, tout en précisant les réponses.

Imaginons ce dilemme.
J'ai envie d'avancer sur mon projet ce week-end mais j'ai aussi une escapade entre amis qui m'est proposée. J'hésite, je n'arrive pas à savoir ce qui est le plus juste pour moi. J'aime être avec mes amis mais ce projet me tient à cœur et je souhaite le finir au plus vite.

Dois-je aller à ce week-end entre amis ?
Mon plexus se contracte, la réponse veut dire non.
Dois-je aller seulement une journée et non tout le week-end ?
Mon plexus se détend.
Est-ce juste pour moi de terminer mon projet ?
Mon plexus me répond oui.
Puis-je allier les deux ?
Moyen.

Et si je travaille de là-bas ?
Là, mon plexus se réjouit !
Magnifique, je ne vais pas choisir, je vais allier les deux, je n'y avais pas pensé !
Cet exemple est simpliste mais je vous le décris pour bien faire comprendre cette subtilité du plexus. Parfois les choses sont plus subtiles que nous ne l'imaginons et tout n'est pas noir ou blanc.
Mais le plexus ou notre âme, ne trompe pas. En passant par la sensation, les décisions peuvent différer de ce que nous aurions convenu avec notre tête.
Si la joie est là et que nous la suivons alors tout est juste.

Prenons un autre exemple.
Admettons, notre questionnement est sur la vie professionnelle.
— **Dois-je continuer ce travail ?**

En imaginant que je dois continuer, je ressens une tension, une tension au niveau de la gorge comme une tristesse, comme un mal être qui apparaît. Cela sous-entend qu'il n'est pas bon pour moi de continuer ce travail.
Mais allons voir plus en profondeur.
Demandons à cette tristesse ou cette sensation physique à quoi elle fait référence ? Qu'est-ce qui me rend triste ?

Prenez une boule d'énergie dans vos mains, belle et lumineuse. Une fois cette bulle de lumière bien visualisée, placez-la sur la zone du corps où se trouve cette tension.

Là en l'occurrence, la tristesse se trouve au niveau de la gorge. Une fois la boule d'énergie placée, demandez à votre âme de vous montrer à quoi fait référence cette tristesse.
Vous allez automatiquement avoir un souvenir qui apparaît, un flash

Soit un souvenir en lien avec ce travail, soit un souvenir d'enfance. Vous voyez alors à quoi fait référence cette tristesse.
Cette tristesse fait-elle référence à un souvenir où vous n'aviez pas pu exprimer ce que vous souhaitiez ?
Cela veut donc dire que vous avez besoin d'exprimer quelque chose. Cela sous-entend que le mal-être dans votre travail, n'est peut-être pas le travail lui-même, mais votre façon de vous exprimer et de prendre votre place au sein de celui-ci.

Remettez votre main sur le chakra solaire et demandez à votre âme et votre corps de vous guider.

Serait-il bon pour moi de m'exprimer pleinement dans le travail ?
Là encore, le pouce vers le haut puis le pouce vers le bas et ressentez les nuances. Si la réponse est oui, cela veut dire qu'il faut d'abord exprimer vos besoins au travail. Et ensuite vous verrez si oui ou non vous devez continuer sur cette voie professionnelle.

Amusez-vous à le faire étape par étape et point par point.

Il s'agit d'entrer en dialogue avec votre âme.
N'hésitez pas à poser des questions pour chaque palier.
Posez autant de questions souhaitées afin de tisser une toile de réponse. Cela peut sembler délicat ou ridicule comme pratique peu habituelle. Il suffit d'y croire pour que cette mécanique s'inscrive totalement en vous. Cela peut ne pas fonctionner avant plusieurs entrainements, c'est ok.

Adaptez cela comme vous le souhaitez.

Cet exercice pousse à revenir dans le corps et l'émotion et non la tête. Cette pratique est en réalité une connexion naturelle entre

l'âme et vous-même. A force de le pratiquer, vous finirez par comprendre réellement le langage de votre âme.
L'objectif est de redevenir aussi instinctif que votre âme.

****

A force de nous entrainer à être à l'écoute de notre corps et de nos émotions, ce genre d'exercice devient obsolète. Et nous finissons par faire instinctivement les bons choix.

L'âme nous envoie ces réponses instinctives à chaque instant.

Nous le faisons déjà, sans forcément nous en rendre compte.
Cet exercice n'est qu'une porte d'entrée pour ré-accéder à cette conscience-là. C'est comme le fait de marcher.
Nous ne savons plus comment nous le faisons tellement cela est naturel. Nous sommes tellement habitués que nous ne faisons plus attention si c'est le pied gauche ou le droit qui se pose, ou si l'équilibre vacille sur l'une ou l'autre jambe pour aller de l'avant.
Cet exercice permet de prendre conscience à nouveau de comment nous fonctionnons naturellement. C'est comme pour réapprendre à marcher correctement.

A force de pratique, cet exercice nous permet de retrouver notre connexion à notre âme, de façon naturelle et innée.

La sensation du plexus peut varier, des fois c'est une sensation de chaleur, d'autres fois cela donne le tournis, ou bien nous tire en arrière. Nous pouvons sentir le chakra tourner dans un sens ou un autre. La respiration se bloque ou se détend. Toutes ces informations

sont des moyens de nous montrer la direction.
En pratiquant ce jeu régulièrement, notre sensibilité s'affine et nous pouvons inventer un véritable langage avec notre corps.
Nous nous habituons à cette sensation énergétique, vibratoire, sensorielle et émotionnelle. Nous affinons ainsi notre connexion à l'âme au travers de nos chakras.

En nous amusant de cela, nous nous habituons à avoir cette sensation en nous.

Et nous pouvons nous amuser au fil de la journée à nous demander ce que ressent le plexus solaire à chaque instant. Le pouce est-il vers le haut ou vers le bas ?
Notre attention nous permettra de faire de meilleurs choix.
En jouant avec ces sensations, nous accédons aussi à notre inconscient. Notre corps ne ment pas contrairement à notre raison. C'est un joli jeu pour découvrir davantage qui nous sommes vraiment. Notre vérité diffère parfois de ce que nous croyons être car nous sommes fort conditionnés.
Il nous arrive si souvent de vouloir être une bonne personne que nous pouvons nous convaincre d'une réalité en apparence positive alors que notre inconscient ou notre corps nous prônent l'inverse.

Par exemple, nous pouvons nous convaincre qu'il est bon d'aller au mariage d'un ami car cette célébration est rare.

Mais notre plexus, lui, peut nous dire l'inverse :
— Non en réalité, tu as autre chose à vivre ce jour-là, nous dit l'âme.
— Mais je ne peux pas faire cela à mon ami, je dois y aller, je veux aller à ce mariage, nous dit la raison.
Nous voulons être une bonne personne aux yeux des autres, alors nous nous convainquons que ce mariage est parfait.

Et si notre âme nous disait autre chose ?
À qui sommes-nous fidèle ?
À notre vérité ou à l'image que nous avons de nous-même ?
Qu'est-ce qui est le plus juste, le regard des autres, ou ce que nous ressentons ?
La connexion aux chakras et aux émotions réelles nous aide dans notre intégrité.
Après tout, c'est auprès de nous-même que nous passons notre vie.
Pourquoi sommes-nous si infidèles à nous-même dans nos vies ?

Entre la raison, ce qui nous semble juste, et la vérité de notre âme, les réalités diffèrent.

Récemment j'ai eu ce genre de challenge de la vie.
J'étais donc à l'étranger en plein dans mon voyage et un ami me propose de passer quelques jours avec lui sur une île magnifique. Cette ile est paradisiaque et si j'avais écouté ma tête, évidement que j'y serais allée. C'était une opportunité en or.
Mais au moment d'organiser ce périple sur l'île, quelque chose en moi m'interpelle. Mon corps commence à se tendre, je ne suis pas bien. Mon âme hurle au travers de mon corps pour me faire comprendre que je ne suis pas sur la bonne voie. Je n'y prête que peu attention et m'obstine à vouloir réserver l'hôtel mais le site « bug »*. Je cherche ailleurs et quand la réservation doit être validée ma carte ne passe pas. Je cherche à contacter la location de voiture, ils sont injoignables. Ce cumul d'évènements absolument pas fluides sont venus confirmer ma sensation physique. Je ne vais pas dans la bonne direction.
Je ne suis pas bien, je ne trouve pas de solutions alternatives.

* Le verbe bugger est paraît-il francisé. Le site « bugge » serait la formulation adéquate.

J'appelle une amie dans un état de turbulence et de mal être et je m'agace. Où est le bon chemin ? Que faire ?
C'est en discutant avec elle, qu'elle me propose l'option de rentrer en France. Dubitative, j'imagine cette solution.
Mon corps se détend en un instant. J'en suis bouche bée. Moi qui refuse depuis toujours de rentrer dans ce pays après chaque voyage, voilà que pour la première fois mon corps valide.
Alors ça ! Si je m'attendais. Jamais je n'aurais fait ce choix là.
Je suis en plein périple à l'étranger depuis des mois et voilà que mon retour en France arrive ? Moi qui pensais ne revenir que dans quelques années.
Toute ma vision de ce qui est juste pour moi s'effondre. La vie me montre le chemin. Changement de plans, Aurore, ton destin t'appelle, il est l'heure de rentrer. Je le fais donc. Mon ami est ravi de partir seul sur son île, c'est juste pour lui.
De retour dans mon pays, voilà que je fais une rencontre qui vient changer mon destin et ma vie de femme. Effectivement le divin est à l'œuvre et le suivre permet d'aller plus vite vers la route de son bonheur.

Merci mon corps.
Merci mon âme.
Merci les synchronicités.
Merci la vie.

Tout cela ne tient pas à grand chose. Alors rassurez-vous, même si l'écoute n'est pas parfaite cela n'empêche pas le destin de venir toquer à notre porte.

J'ai envie de vous partager une autre anecdote qui pour moi montre que certaines choses sont écrites dans nos vies.
Même si nous ne suivons pas toujours l'élan de notre intuition, ce

n'est pas grave car ce qui doit arriver arrive.
Je crois même, en écrivant en cet instant, que notre libre-arbitre tient à notre capacité à accepter ce qui est. Notre libre-arbitre vient du fait d'écouter notre intuition pour fluidifier notre façon de vivre le chemin qui est écrit dans nos vies.

Pour vous donner un exemple concret, un ami à moi, Mathieu, avait à cœur de m'interviewer avant de me connaître.

Mais étant injoignable, il ne trouve pas de moyen de me joindre.
Voilà qu'on lui propose de suivre un séminaire à Punta Cana. Bon c'est certain il y a pire comme projet ! Mais une part de lui n'en ressent pas une réelle envie. Étant à l'écoute partielle de sa vérité, il y va quand même. Et le hasard fait qu'une connaissance à lui me connait très bien.
— Tu connais Aurore ?
— Oui bien sur, c'est une très bonne amie.
— Incroyable cela fait des mois que je cherche un moyen de la joindre pour l'interviewer
— Je vais lui demander, si tu viens de ma part peut-être qu'elle acceptera...
Effectivement nous avons été mis en contact, j'ai accepté son interview et nous sommes désormais de très bons amis.

Mais en quoi cet exemple vient montrer la force de l'écoute de l'intuition ?

Il ne s'est pas réellement écouté puisqu'il n'avait pas réellement envie d'aller à Punta Cana. Et pourtant son intuition disait vrai.
Malgré le fait qu'il ait récupéré mon contact, il n'est pas resté au séminaire car effectivement il ne s'est pas senti bien à Punta Cana. Son intuition disait juste. Oui, mais il a réussi à me joindre grâce à cela,

me direz-vous. Oui certes, mais en réalité, nous avions rendez-vous. Le divin était à l'œuvre. Car figurez-vous que Mathieu vit justement dans le pays où j'ai voyagé neuf mois. Quelle coïncidence !
En réalité, j'avais déjà le numéro de Mathieu, car notre ami en commun me l'avait donné pour mon voyage et j'avais l'intention de l'appeler pour ce voyage.
Imaginez sa surprise s'il s'était écouté. Il ne serait pas allé à Punta cana et voilà qu'un jour son téléphone aurait sonné, et Aurore elle-même l'aurait contacté.
— Mais c'est de l'ordre du miracle ! aurait-il pensé
Et oui, l'univers est farceur. Les miracles arrivent. Lorsque quelque chose est prévu, on ne pourra y échapper.
Et si nous écoutons notre intuition, nous choisissons le chemin le plus doux et le plus harmonieux pour arriver à destination.
Je suis convaincue que notre vie est écrite à quatre vingt quinze pour cent et que le reste tient de notre libre-arbitre. À savoir de quelle manière nous allons vivre le chemin écrit. En étant à l'écoute ou en voulant maitriser ce qui se vit déjà.

À mes yeux le chemin est déjà écrit.
Notre égo croit qu'il doit le construire.
L'âme, elle, ne fait que le suivre.

L'art de savoir suivre ce qui est partiellement écrit dans la vie vient du fait de faire confiance au processus divin.

Je le nomme ainsi mais libre à vous de l'appeler autrement. La vie, le hasard, Dieu, les synchronicités ? Quel est le meilleur mot pour vous qui définit le fait que la vie est régie par une énergie qui elle-même répond et entre en concordance avec la nôtre ?
Je crois profondément que tout est énergie ou vibration, et nous pouvons vivre la vie en fonction de la fréquence que nous émanons.

Tout n'est que miroir, ce qui nous entoure nous montre où nous sommes en termes de vibration intérieure.

Ce qui nous arrive entre en concordance avec ce que nous émettons et notre vie se dessine à l'image de ce que nous lui envoyons.

Je crois qu'il y a comme différentes couleurs du même chemin. A nous de choisir la qualité de cette couleur en fonction de notre vibration.
Partons du principe que chaque vibration est une couleur.
Notre incarnation et notre écoute de cette couleur nous permettent de la renforcer. Je vais appeler cela la couleur renforcée par notre conscience. Plus nous sommes conscient de la couleur que nous émanons, plus nous la renforçons et nous faisons alors l'expérience du chemin sublime que nous avions au départ.
Plus nous savons de quelle couleur est fait notre chemin, plus nous pouvons le renforcer. C'est cela le libre-arbitre. Choisir de suivre ou non la couleur que la vie nous propose.

Suivre cet élan avec conscience nous permet alors de faire l'expérience du chemin le plus majestueux que la vie a prévue pour nous.

Plus nous y croyons, plus notre couleur augmente et plus nous faisons l'expérience abondante du chemin écrit pour nous.
Voyez-vous la métaphore ?

- V -
L'inconscient et le langage de l'âme

NOUS AVONS UN INCONSCIENT ET IL EST
NOTRE MEILLEUR ALLIÉ AUTANT QUE NOTRE ENNEMI.

Ce que je nomme inconscient ici est un langage symbolique et le langage de l'âme. Je ne suis pas psychologue, je me permets donc de m'approprier ce mot afin de faire passer mon idée et je vous remercie de jouer le jeu.

L'inconscient et le langage de l'âme

L'âme communique de façon symbolique et inconsciente. C'est pour elle une douce manière de contourner le mental qui aime tant reprendre le contrôle. Certes le mental a des qualités mais il n'est pas toujours de bon conseil.

Et je m'attarde ici à développer les voyages intérieurs qui ne s'envolent pas vers le mental, même ci celui-ci propose des chemins tout aussi intéressants.

L'âme dialogue de façon symbolique et cela passe parfois par des actes symboliques.

Parfois nous avons besoin de nous libérer de quelque chose. Le simple fait de noter ce que nous ne souhaitons plus et de brûler la feuille en question est une libération. Car le symbolisme de l'action acte le changement au niveau de l'âme et de l'inconscient.

Les actes symboliques sont très puissants et nous pouvons les inventer nous-même.

Par exemple, si nous souhaitons nous libérer de quelque chose, nous pouvons symboliser cette chose par un objet que nous mettons en terre. C'est une façon symbolique de nous libérer en enterrant ce qui nous gêne. Une fois l'acte réalisé, nous pouvons observer ce que cela change en nous.
Si nous souffrons de non-dits, nous pouvons écrire sur une feuille tout ce que nous aurions voulu dire pour ensuite brûler la feuille et oublier cette histoire. Lorsque la feuille brûle, prêtons attention à nos changements intérieurs. Ces modifications énergétiques nous montrent la suite de notre parcours.

Cette qualité de présence et de conscience à nous-même, renforcée par ce qui nous est proposé dans les précédents chapitres, nous permet cette maturité, cette conscience et ce regard sur nous-même.

Nous sommes parfaitement prêts et autonomes pour vivre cela.
Maintenant que la connexion à l'âme s'affine de jour en jour, que nous sommes de plus en plus à l'écoute de nous-même, de nos chakras, de nos énergies, de nos intuitions, de nos sensations et de notre instinct, notre vie s'aligne de plus en plus
Même si nous ne le voyons pas toujours.
Mais ce processus se fait naturellement, nous pouvons laisser faire.
Lâchons prise en faisant confiance.

Chaque jour nous apporte la réponse dont nous avons besoin.

Le langage symbolique de l'âme
est le langage sacré de la guérison

Imaginez que vous souhaitez faire un bon en avant dans votre vie.
L'idée est de savoir vers quoi.
Vers plus de joie ?
Plus d'abondance ?
Plus de légèreté ?
Plus de créativité ?
Qu'est-ce qui vous mettrait plus en joie ?

La guidance ne nous propose pas de chercher le comment.
On nous invite non pas à chercher l'objectif à atteindre mais plutôt l'état d'être que nous aimerions vivre.

Admettons, vous souhaitez changer d'emploi.
C'est très bien, cette vision est focalisée sur les faits.
Mais vous pouvez aller plus loin pour ouvrir les possibilités.
Changer d'emploi pour quoi ?
Pour être qui ?
Pour ressentir quoi ?
Si vous vous focalisez sur ce que vous souhaitez être, vous pouvez l'émaner dès maintenant afin de l'attirer à vous. L'univers se chargera de vous montrer si c'est d'un emploi, ou non, que vous devez réellement changer.

Cette façon de procéder ouvre le champ des possibles, cela ouvre la conscience et permet de jouer avec la vie et notre âme.

Bien souvent, les solutions sont différentes de ce que nous pensons.

Admettons que notre perception de la réalité est étriquée car elle fonctionne sur nos repères antérieurs.
La vie et notre âme savent mieux que nous. Si nous vibrons ce que nous souhaitons être, la vie se charge de faire exister les évènements en concordance avec notre vibration. La vie décide de la forme que doivent prendre les choses. Et se laisser surprendre par cette magie est très jouissif, je suis certaine que vous l'avez déjà expérimenté dans votre vie.
Ce qui nous échappe et ce que nous ne prévoyons pas est parfois plus joyeux et juste que ce nous nous imaginons.

La vie est avant tout une qualité d'être.

Admettons, vous voulez être plus détendu dans la vie.
Concentrez-vous sur cette détente et imaginez que vous êtes déjà dans cette détente absolue. Vous pouvez créer cette détente et la ressentir dès maintenant.

Vous pouvez même le formuler à voix haute :
— Si j'étais plus détendu je serais relaxé au niveau des épaules, j'aurais une respiration profonde. Si j'étais plus détendu je prendrais plus de temps pour faire ce que j'aime. Si j'étais détendu, je prendrais le temps d'appeler mes amis, je m'autoriserais à aller faire du vélo l'après-midi. J'écouterais plus de musique, je parlerais mieux aux autres au quotidien. Si j'étais détendu, je prendrais le temps de rire avec mes enfants pendant que nous faisons les devoirs. Si j'étais détendu, je prendrais le temps de cuisiner vraiment les plats qui me plaisent etc...

Amplifiez cet état d'être.
Il n'y a pas que les actions dans la vie, le ressenti y a sa place.

Si vous étiez détendu, comment vous tiendriez-vous ?
Si vous étiez détendu, comment respireriez-vous ?
Si vous étiez détendu, quelle image auriez-vous de vous-même ?
Si vous étiez détendu, à quoi penseriez-vous ?
Si vous étiez détendu, vous auriez envie de faire quoi ?
Cette détente part d'abord d'une sensation qui ensuite crée la mise en action. C'est avant tout une sensation.
Si vous vous connectez à la sensation de détente, vous pouvez l'émaner dès maintenant. Une fois détendu, vous pouvez l'amplifier. Vous pouvez demander à votre âme d'amplifier la sensation pour la vivre encore davantage chaque jour.
En ressentant cette détente, c'est comme si symboliquement vous demandiez à votre âme « d'être » cette détente.
En étant cette détente symboliquement incarnée, la vie envoie des évènements qui la favorisent.

N'oublions pas ceci :
tout ce que nous vivons entre en concordance avec notre vibration, notre énergie. Nous sommes créateur de notre réalité. Si nous améliorons notre vibration, notre vie s'améliore.

Tout n'est qu'énergie, vibration et résonance avec ce que l'on vibre.
Si nous souhaitons améliorer quelque chose dans notre vie, ne nous focalisons pas sur le résultat ou la mise en forme, mais plutôt sur l'état d'être recherché dans cette amélioration.
L'état d'être est accessible dès maintenant.
À nous de le décider.
Maintenant que nous le ressentons, nous l'émanons.
Maintenant que nous l'émanons, nous l'incarnons.
Maintenant que nous l'incarnons, il existe à chaque instant.
Naturellement, l'extérieur évolue et vient à nous en concordance avec notre état d'être.

Ce qui compte ce ne sont pas les évènements mais notre façon de les vivre.

Le langage symbolique est un langage émotionnel. C'est surtout laisser l'âme faire les choses, la laisser aux commandes.

Soyons dans l'être et nous obtiendrons ce que nous souhaitons.

En étant dans l'être, nous sommes au niveau de l'âme et elle agit en fonction.
Laissons-nous bercer par cet état de réceptivité. L'âme nous amène les évènements qui concordent avec notre besoin.

L'âme est généreuse et créative. Elle sait mieux que nous ce qui est bon.

Nous pourrions croire que nous avons besoin de changer de métier mais notre âme peut nous faire comprendre que pour avoir cette qualité de détente, c'est notre routine qu'il faut changer au quotidien. Et avec cette détente nous pourrions œuvrer comme il faut dans l'emploi que nous avons déjà.

Parfois nous désirons changer des choses extérieures, alors que c'est en nous même qu'il faut les transformer.

La symbolique du langage de l'âme c'est de voir que tout n'est que miroir. Tout ce qui nous entoure n'est que le reflet de notre intérieur.
Quelque chose ne te convient pas à l'extérieur ?
Pour quelles raisons ? Cela vient réveiller quoi en toi ?
Reviens en toi

Cette situation ne te convient pas pour quelles raisons ?
Qu'est-ce que cela t'empêche d'être ?
Qu'aimerais-tu faire et être ?
Qu'aimerais-tu ressentir ?
Reconnecte-toi à cette sensation. Que veux-tu être ?
Reconnecte-toi à ce que tu veux être et ensuite tu feras ce qu'il faut par rapport à l'évènement extérieur.
En modifiant la posture intérieure alors l'extérieur se modifie.

En revenant à notre état d'être et en le maniant à notre façon, la vie se façonnera naturellement à l'être véritable que nous sommes.

Là encore, cette pratique demande de la régularité pour l'intégrer comme une évidence. Ce n'est pas si simple. La pratique compte.
Nous pouvons être totalement maître de nos émotions.
Nous pouvons choisir l'émotion que nous désirons vivre et ressentir.
C'est une décision.
Demandons à notre âme de nous envoyer l'énergie nécessaire et suffisante pour pouvoir vivre l'émotion que nous désirons.
Répétons-le autant de fois que nécessaire jusqu'à ce que le résultat apparaisse.
C'est une décision. Là est notre pouvoir créateur.
Nous pouvons aussi reprendre l'exercice du chapitre précédent.
Avec cette boule d'énergie du chakra sacré, demandons l'intention et l'émotion choisie.

Par exemple :
Je veux de la détente.

Imaginez cette boule d'énergie orange du chakra sacré détendue.
Amplifiez cette détente encore et encore. Une fois la détente bien

ancrée, vous la faites remonter le long de la colonne vertébrale, chakra après chakra pour ensuite la faire redescendre. Vous pouvez faire autant d'allers et retours que vous le souhaitez.
A force, cette détente va s'incarner et vous allez l'émaner.
Vous pouvez le refaire autant de fois que souhaité jusqu'à ce que cette détente soit inscrite en vous.
Cette détente ne dépend pas des évènements extérieurs, c'est un choix intérieur. Là est le pouvoir créateur.

Nous sommes maître de notre vie et de notre destin lorsque nous sommes maître de nos émotions et de notre vibration.
Rien de l'extérieur ne doit influencer notre état intérieur sans notre consentement.

Le jour où nous serons en harmonie avec cela, nous serons maître de notre destin et de notre réalité.
Les évènements ne seront que des échos mais ils ne viendront pas influencer notre réalité.

Notre inconscient ne fait pas la différence entre ce qui est réel ou imaginaire.

Si nous nous imaginons dans cet état de détente, pour notre inconscient, cette détente est déjà là. À partir du moment où nous l'imaginons et le ressentons alors cela le fait exister. L'imaginaire prend le dessus et cela devient la réalité.
Comme notre mental qui imagine des choses et nous fait croire que c'est bien réel.
Nous pouvons maitriser nos émotions et nos sensations. C'est un travail intérieur profond.
Après tout, nous avons bien la capacité à nous obliger à faire des choses au quotidien :

Nous lever à la même heure, aller travailler, avoir tel rendez-vous à telle heure.
Ces mécanismes nous infligent des obligations extérieures auxquelles nous nous adaptons.
Nous pourrions aussi nous adapter à des obligations intérieures.
Lorsque je me lève à telle heure, je suis dans tel état. Quand je vais travailler, je ressens telle émotion et je décide de mon énergie quand j'ai mon rendez-vous, etc.

Nous pouvons choisir à chaque instant l'état émotionnel approprié pour chaque situation pour notre plus grand bonheur et liberté d'être. Ce sont des décisions énergétiques et émotionnelles.

Au lieu d'être influencé par l'extérieur, nous décidons d'influencer notre intérieur. C'est le même processus.
Avec cette vision, nous récupérons nos capacités à vivre ce qui est bon et juste pour nous.
Même si ce n'est pas simple à mettre en pratique, le chemin lui est simple.

Voici différentes pratiques propices à changer nos habitudes et nos états d'être.

* *

CRÉATION DU JEU DE CARTE DES ACTIONS QUOTIDIENNES

Je vous propose de créer un jeu de carte.

Notez sur une feuille toutes les activités légères et positives qui vous font du bien.

Par exemple : rire, être allongé, faire du yoga, être dehors, avec des amis, etc...

Notez ensuite des obligations ou des contraintes que vous avez.
Par exemple : les devoirs, remettre un travail à plat, appeler un collègue, faire le ménage, faire les comptes, aller chercher un colis, etc.

Découpez chaque action pour en faire un jeu de carte. Chaque carte contient une action agréable ou désagréable. Tirez au sort une carte de chaque catégorie.
Par exemple : Carte une : être allongé
Carte deux : appeler un collègue
Et si vous alliez les deux, cela donnerait quoi ?
Avez-vous le réflexe de vous allonger pour parler avec vos collègues ? Qu'est-ce que cela changerait ?
Cette façon ludique de voir les choses nous permet d'ouvrir notre imagination. Cela nous permet de faire des associations d'idées et de prendre conscience de nos comportements. Pour chaque tirage, posez une intention.
Je souhaite allier deux cartes pour me permettre d'être plus créatif. Je souhaite deux cartes pour m'aider à me concentrer. Je souhaite deux cartes pour éveiller mon efficacité et mon plaisir, etc...

Quelles que soient les cartes que vous tirez, même si certaines n'iront pas ensemble vous pouvez trouver de nouvelles idées pour aller dans la direction souhaitée.
C'est juste un jeu pour ouvrir le champ des possibles.

* * * * * * * *

Un autre jeu que je vous propose concerne les émotions.

* *

JE M'INTERDIS D'ÊTRE DANS LA JOIE

Cette pratique me fait beaucoup rire et je la trouve très efficace.

Lorsque vous êtes contrarié et que vous en avez marre de l'être mais que vous n'arrivez pas à changer d'humeur, observez-vous. Voyez combien vous êtes de mauvaise humeur et amplifiez cela.

Par exemple si vous êtes en train de vous plaindre de votre situation, amplifiez votre plainte. Singez-vous. Agrandissez vos gestes, changez votre voix, plaignez vous encore davantage jusqu'à ce que cela en devienne ridicule.
L'idée est d'accepter l'état, de lui laisser toute la place et de l'amplifier à fond. Au bout d'un moment cela devient drôle car vous vous voyez être dans l'état et vous le singez. C'est très efficace car non seulement l'émotion est vécue et acceptée mais elle finit également par être transformée pour revenir dans la joie car c'est très drôle de se singer.

Cela nous amène du recul sur nous-même et de l'humour.
L'humour est une clé de la spiritualité et cela fait toujours du bien !

* * * * * * * *

Pour ma part, ma façon de vivre mes émotions et d'être dans une maitrise de mon énergie quel que soit l'évènement extérieur passe par la pratique du yoga et de la méditation. J'ai également travaillé sur moi pour changer mon état d'esprit. Il y a quelques années, je voyais tout en sombre, j'ai fait une dépression de plusieurs années et il m'était difficile d'être heureuse et de ne pas me laisser influencer par les évènements, les personnes et ma souffrance intérieure. En dehors des différentes thérapies qui m'ont accompagnée pour me libérer du poids familial, j'ai aussi fait ma part en solitaire. J'ai lu des livres de développement personnel pour chercher des réponses et trouver ma foi en quelque chose de plus grand pour me donner le courage de vivre.

CHANGER SON REGARD

Une pratique qui m'a fort aidée à revenir dans le positif, était de noter sur un cahier toutes mes pensées.

Mais je me fixais une contrainte.
Sur la page de gauche, je notais une chose qui n'allait pas et sur la page de droite je notais une chose qui allait bien.

Interdiction de noter une deuxième chose négative tant que je n'en avais pas trouvé une positive.

Au début cela m'était très difficile mais avec la pratique quotidienne, j'ai transformé ma vision négative pour au final voir le positif en toutes choses.

* * * * * * * *

J'ai aussi plaisir à vivre mes émotions. Au niveau de l'âme, être triste ou en colère n'est pas négatif. Il y a même une certaine joie à être traversé par ces émotions. Car au moins l'information véhiculée

par l'émotion est traversée et donc transformée. Le plus important, je crois, est d'accepter les émotions. Ce qui manque de fluidité c'est lorsque nous sommes en résistance contre elles. Là, l'énergie émotionnelle se bloque et le corps prend le relai pour l'exprimer par des blocages, des douleurs ou des maladies.
Les émotions sont capitales à mes yeux. Elles sont pour l'âme aussi vitales que la respiration l'est pour le corps.
Et je crois aussi qu'accepter ses émotions, c'est s'accepter soi-même. J'ai mis des années à accepter de vivre mes émotions, de les admettre, de les accueillir, de me laisser traverser et de les partager avec les autres.
Oser être vulnérable et sensible me faisait peur alors que c'est simplement ma vérité.

* *

CHANGER SES CROYANCES

* *

Je crois aussi que nos croyances sont intimement maîtresses de nos vies.

Lorsque que quelque chose ne me convient pas, je prends le temps d'observer quelle est ma croyance qui se cache derrière. Une fois cernée, je modifie celle-ci. Comme un logiciel.
Je choisis la nouvelle croyance, je ressens ce qu'elle modifie dans mon corps, dans mon cœur et dans mon esprit, puis je l'ancre et la mets en action.
Nous le faisons tous plus ou moins en conscience.

Observez les stratagèmes que vous êtes capable de mettre en place pour bien vivre une situation.

Choisissez cinq évènements où vous avez dû changer votre comportement ou votre rapport à l'évènement pour bien le vivre.

Notez ce qui vous vient. Vous verrez un mécanisme apparaître, c'est le vôtre et votre manière de changer vos croyances.

Nous n'avons rien à apprendre. Nous avons juste à nous souvenir de comment nous fonctionnons réellement. Apprenons à regarder en nous, nous serons autonome, à notre écoute, congruent et enfin en paix.

Prenons l'exemple de Laure :

— Je suis du genre à faire plaisir à l'autre plutôt qu'à moi-même. Le nombre d'exemples est infini tellement je passe ma vie à faire plaisir aux autres plutôt qu'à prendre soin de moi. Je suis constamment reliée au besoin de l'autre. Que puis-je faire pour te faire plaisir ? Comment puis-je répondre à ton besoin, pour te montrer combien j'ai de la valeur et combien je suis aimable ?

Voilà ce qui se passe dans l'inconscient de Laure
— Je ne cherche pas à bien vivre ma vie et ma vérité, mais plutôt à bien vivre ce qu'il faut pour que l'autre m'aime.

Jusqu'au jour où Laure explose et se met en colère pleine de reproche vis-à-vis de l'autre :
— Tu es incapable de me comprendre. Tu ne te soucies pas assez de mes besoins. Après tout ce que j'ai fait pour toi.

Cet exemple type est assez fréquent.
A ce moment là plusieurs stratagèmes se mettent en place :
— Puisque c'est comme cela, je m'en vais !

Laure va prendre l'air, se calme, revient en elle-même et s'octroie un moment pour prendre véritablement soin d'elle. Une fois rechargée, elle revient et reprend sa vie.
Parfois le débordement est tel, qu'elle préfère couper les liens et se fâcher définitivement avec la personne. Inconsciemment, elle se débarrasse de l'effort que cela lui demande de répondre au besoin de l'autre. Elle ne voit pas que son réel besoin est de répondre à ses propres besoins et d'arrêter de fusionner avec l'autre pour être aimée.
Elle n'en prend pas conscience et continue donc son cycle habituel, jusqu'à ce que la goutte fasse déborder le vase à nouveau.

Pour d'autres personnes donner une bonne image de soi est importante. Prenons l'exemple de Paul.

Paul aussi aime faire plaisir aux autres et pour lui la fiabilité est importante. Paul est très sociable, il aime être en bonne compagnie et partager des moments heureux avec ceux qu'il aime.
Paul étant très sociable il reçoit de nombreuses demandes.
— Paul, pouvons-nous nous voir samedi ?
— Paul tu peux me rendre service ?
— Paul tu m'avais promis de participer à ce projet, tu viens ?

Paul par amour et fiabilité répond toujours oui.
— J'aime faire plaisir aux autres, c'est la source de mon bonheur. Et puis rendre service cela me semble normal, je peux bien faire cela pour mon prochain !

Paul a tout à fait raison et c'est tout à son honneur, mais parfois Paul perd un peu pied. Il est tellement heureux de faire plaisir aux autres qu'il en oublie parfois de prendre soin de lui.
— C'est vrai qu'hier j'avais envie de me reposer et d'être seul, j'ai

eu une grosse semaine. Mais comme j'avais promis à Bernard d'être là, je suis venu à son barbecue. Du coup, je suis rentré tard. J'aimerais me reposer mais je ne peux pas car j'ai promis à Sandrine de lui venir en aide pour les travaux de la maison. Je ne peux pas reporter, c'est important, tu comprends ?

Le téléphone sonne, c'est Christelle qui appelle :
— Salut Paul comment vas-tu ? Dis, j'ai le mariage de ma fille qui a lieu samedi comme tu le sais ! Je n'arrive pas à écrire mon discours, cela fait des jours que je suis dessus et je ne suis pas convaincue. Toi qui parles si bien et qui es bon à manier les mots, tu peux venir demain ? C'est le dernier jour avant les préparatifs du jour J, tu serais ok ? C'est un jour tellement important pour moi. Merci Paul, tu es un amour !

Jusqu'au jour où Paul craque. Il ne sait plus où donner de la tête. Son emploi du temps se remplit chaque semaine. Il répond à ses besoins de faire plaisir aux autres mais il n'a pas le réflexe de suivre son besoin corporel ou d'être à l'écoute de son intégrité.
— As-tu vraiment envie de le faire ?
— En soi non, mais cela lui fait tellement plaisir, je peux bien faire cela pour elle !

Espérons que Paul n'aille pas jusqu'au « burn-out » !

Et connaissez-vous le cas de Sandrine ?

Sandrine est une femme très douce et très sensible. Plutôt introvertie et timide, elle n'aime pas tellement les liens sociaux. Non pas qu'elle n'aime pas les gens au contraire, mais elle a besoin de calme et de sérénité pour être bien. Dès qu'il y a trop de monde, cela l'angoisse.

Jusqu'au jour où Sandrine traverse une grosse déprime :

— Je suis triste. Je n'arrive pas à bien me sociabiliser. Je me sens si seule. J'aimerais être ouverte, sociable, souriante mais les gens me font peur, je ne sais pas pourquoi. Quand je vais à des diners, je parle si peu. Je me sens nulle, insipide. Alors je préfère rester chez moi à ne rien faire mais j'ai le sentiment de passer à côté de ma vie, de ne pas profiter. Pourquoi ai-je si peur de la vie ?

Sandrine estime que son besoin de solitude, de calme et de vie sociable est un souci.

Elle n'arrive pas à suivre son vrai désir. Et si voir les personnes en petit comité était la solution ?

Après tout quand elle est seule avec une de ses amies elle se sent bien, elle peut parler et écouter sans être ébranlée par l'effet de groupe.

Et si son écoute était son point fort ?

Et si son besoin d'être à deux, était la solution ?

Et si elle acceptait d'être juste observatrice et d'écouter quand il y a du monde ? Y-a-t-il un mal à cela ?

Les autres l'aiment-elle plus ou moins selon sa posture sociale ?

Sandrine croit qu'elle doit en « faire » davantage pour être aimée.

Sa présence et « être » là, ne suffit-il pas au bonheur de ses amis ?

Ces quelques exemples dénotent des croyances limitantes qui viennent influencer nos comportements et nos besoins. A quoi répondons-nous dans nos façons d'agir ?

Le simple fait d'en prendre conscience est déjà une belle avancée pour s'aimer et accepter l'expérience de notre âme dans notre vie.

* * * * * * * *

* * * * * * * *

GUIDANCE DE PAR MON ÂME

Le plaisir de l'âme d'être entendue par l'être humain est magnifique. Il n'y a rien de plus agréable pour nous les âmes que d'être entendues par les personnages terrestres que vous incarnez. Même si nous sommes de la même essence, il y a tout de même une différence entre l'âme et le personnage terrestre.

L'âme a la capacité de voir plusieurs plans en même temps.

Nous sommes capables, nous les âmes, d'être en communication directe avec plusieurs plans, dans différentes dimensions et différents espaces-temps.

Le Grand Tout du temps est réuni en un.

Pour nous, la réalité est tout autre et l'expérience que nous faisons au travers du personnage terrestre que vous êtes nous est de bon augure. C'est l'occasion pour nous, d'identifier nos blessures et de les guérir au travers d'un scénario de vie que nous choisissons avant l'incarnation. En faire l'expérience est pour nous magique car cela vient cristalliser nos énergies. Par la même occasion, notre énergie influence aussi votre corps terrestre.
Nous sommes capables de voir sur différents espaces-temps et d'influencer votre vie terrestre afin de l'améliorer et d'en identifier les dissonances. Lorsque vous êtes aux commandes de votre vie par vos pensées, vos croyances et vos conditionnements, vous faites l'expérience d'une réalité possible. Notre vibration étant plus élevée, nous vous offrons l'occasion de vivre une vie sur une autre fréquence.

En soi, aucune fréquence n'est mieux qu'une autre, ce sont juste des réalités qui diffèrent, et dont l'ampleur de l'expérience varie mais qui aboutissent au même résultat.
Si vous choisissez de vivre une vie en harmonie avec votre âme, en conscience, vous vous offrez la possibilité d'entrer en communication consciente avec votre être supérieur. Vous accédez alors à une plus grande marge de manœuvre dans vos vies car vous développez la gamme de vos choix terrestres.

Vous pouvez choisir en conscience ce qui vous convient le mieux et nous pouvons, nous les âmes, vous guider vers le chemin le plus pacifiste qui soit pour votre développement.

Les miracles, les synchronicités sont dus à cette écoute de votre âme. Lorsque vous allongez votre vibration jusqu'à cette fréquence, vous offrez la possibilité à la vie d'entrer en communication directe avec votre cœur. C'est comme si vous vous aligniez sur l'espace-temps du divin. Un espace-temps où tout est possible, en lien avec les lois de l'univers et en accord avec la volonté du grand Tout ou de Dieu pour ceux qui préfèrent.
Quoi que vous fassiez comme choix, ils seront toujours bons.
La seule nuance en étant connecté à votre âme, c'est que vous vous offrez une gamme plus grande d'expériences terrestres.
Si vous souhaitez augmenter votre fréquence et entrer en symbiose avec votre âme, vous avez à suivre votre élan du cœur. Pour nous, c'est une joie que d'être entendue car vous pouvez alors jouir d'une vie plus harmonieuse, plus abondante, plus simple et pleine d'amour.

C'est en étant connecté à votre cœur, que vous devenez alors la meilleure version de vous-même.

Vous êtes alors capable de suivre votre cœur, votre voie et nous les

âmes nous vous guidons en toute simplicité.
Car lorsque vous êtes connecté à l'âme, celle-ci vous remercie et elle vous apporte toutes les bénédictions voulues et choisies par le divin.
Vous n'êtes plus en résistance, vous n'avez plus à faire d'efforts, vous avez juste à recevoir.
C'est une danse joyeuse entre la réception divine et l'accord parfait de votre vibration à cette fréquence.
Cet art de vivre est une bénédiction et cela rehausse les champs magnétiques familiaux des descendances ainsi que ceux de vos aïeux.
Cette voie sacrée vous offre alors l'abondance à tous les niveaux, car vous êtes capables d'ouvrir votre cœur à la voie de l'âme. Nous sommes de plus en plus nombreuses à être entendues sur terre et cela rehausse le taux vibratoire de la planète par son humanité consciente.
Si vous continuez ce chemin d'éveil et d'ascension vers vous-même, vous ouvrez alors la porte à un champ des possibles que vous ne pouvez imaginer. Votre vibration crée des vortex énergétiques, des portes électromagnétiques qui entrent en résonance avec d'autres dimensions. Votre dimension sacrée, irradie de lumière et c'est le cœur joyeux que vous guérissez toutes les parts de vous-même des autres dimensions.

Si vous acceptez d'ouvrir votre cœur aux champs des possibles, alors vous irradiez une lumière sacrée et les êtres de lumières vous en félicitent et vous encouragent à continuer dans cette voie.

Pour ceux et celles qui décident de garder la voie de l'égo, du mental et du contrôle de la réalité, la bénédiction est totalement présente, la protection ultime tout aussi puissante, mais vous vous fermez simplement certaines portes de conscience. Votre lumière irradie d'une autre fréquence et, moins vous êtes ouverts à la lumière, moins vous êtes connectés au divin. Vous pouvez alors devenir des proies faciles pour le bas astral et d'autres entités, et d'autres expériences moins lumineuses viennent vous apporter un (r)éveil de conscience.

Le résultat final est le même mais l'expérience en est différente.

Les manipulations mentales et l'endoctrinement mis en place dans vos sociétés occidentales sont puissants. Certaines personnes de l'État, avec un mental d'acier, ont à cœur de vous endormir afin de se nourrir de cet asservissement. Ce choix de leur part, totalement conscient, sert un plan plus grand et sombre dont la porte d'entrée passe par le bas astral.
Le Covid en est évidement un atout. Cette étape de l'humanité est comme un dernier choix d'éveil pour les âmes. De quel côté souhaitez-vous vivre vos prochaines incarnations ? Pour quel plan souhaitez-vous donner votre lumière ?

Sans jugement, ce choix conscient ou inconscient, prévu par vous-même, vient de votre propre chemin d'incarnation. Certaines âmes choisissent l'ombre pour l'expérimenter durant un long moment car elles savent que dans l'absolu rien n'est permanent et qu'elles feront l'expérience de la lumière ensuite.

D'autres, au niveau de conscience très bas, se donnent cœur et âme au bas astral et aux personnages de l'ombre. Non par choix ni par conscience mais par manipulation mentale. La grille énergétique, qui trône autour de la terre depuis la nuit des temps, les a endormis à tout jamais. Ces âmes perdues, en errance, sont condamnées à venir s'incarner encore et encore dans la souffrance. Elles sont devenues des esclaves de l'ombre pour la nourrir de cette énergie de souffrance, de déni de soi et d'endormissement total. Ces âmes perdues à jamais, ne connaîtront jamais la lumière car elles n'ont pas réussi à échapper à l'ombre.

Pour les autres, les êtres de lumière dans l'énergie christique, elles sont venues réveiller les consciences une dernière fois pour un grand nombre, car le cycle du karma est pour elles terminé. Nombreuses sont les âmes venues vivre une dernière vie sur terre afin d'illuminer les cœurs. La plupart son attendues dans d'autres dimensions pour œuvrer d'une autre manière et accompagner l'ascension pour d'autres êtres dans d'autres dimensions.
Pourquoi vous partager cela ? Parce que l'âme multidimensionnelle qui fait de vous ce que vous êtes, est consciente de tout cela. Elle sait pourquoi cette vie terrestre actuelle est importante dans son cycle. Elle est à même de savoir ce qui est juste pour vous dans l'ensemble des plans. Ces subtilités cosmiques sont évidentes pour certains et obsolètes pour d'autres mais quoi qu'il en soit ceci est bien réel.

À l'écoute de votre cœur et de votre âme, vous respectez le plan divin et vous offrez l'opportunité à votre âme d'évoluer en conscience dans ces différents plans afin de poursuivre les choix qu'elle fait pour elle-même.

Si vous suivez votre élan de cœur, vous serez toujours au bon endroit, au bon moment, sans même le savoir forcément dans la conscience humaine. Mais c'est le cœur joyeux et léger que vous ferez l'expérience de votre vie.

Puissent ces mots faire résonner une part inconsciente en vous.
Si ce passage a résonné en vous, c'est que votre vibration s'éveille à une conscience plus élevée.

Pour le reste, suivez votre voie, votre cœur et ne laissez personne, pas même ce livre, influencer votre vérité.

Amen

* * * * * * * *

MON EXPÉRIENCE TERRESTRE

J'aimerais vous partager mon expérience terrestre et comment en effet ma vie s'est transformée à partir du moment où j'ai choisi de suivre mon âme et non mon égo blessé, du moins le plus possible. Cela n'a pas été de tout repos, ni rapide ou simple à vivre mais chaque expérience agréable ou non m'a permis d'évoluer en conscience et de mieux comprendre qui je suis. Ce chemin est sans fin mais je peux d'ores et déjà partager quelques compréhensions de la vie, aussi humbles soient-elles.
J'ai vécu une année d'ouverture fulgurante et de prise de conscience qui a contrasté avec les nombreuses années précédentes où je vivais une douce mort lente et légère sans m'en rendre compte.

Il est délicat de vivre un peu à côté de soi-même en cherchant un sens sans y parvenir.

Comme dit précédemment, je suis tombée en dépression relativement jeune. Disons qu'à partir de l'âge de douze ans, j'ai commencé à accueillir dans mon énergie le poids familial avec les blessures et les non-dits que cela comportait. Je n'en avais absolument pas conscience mais à partir de cet âge, la vie a commencé à me paraître fort sombre, difficile et fatigante.
Je suis un être de lumière venu s'incarner pour apporter de la lumière partout où je passe et j'ai à cœur, par cette incarnation, de briser de nombreux schémas familiaux destructeurs. Je suis une sorte de vilain petit canard incompris par ses pairs mais entendu par mes aïeux décédés. Bien évidemment, je peux vous partager ce point de vue vingt-deux ans plus tard mais j'étais loin d'imaginer à cet âge là tout ce qui allait m'arriver.

C'est donc le cœur lourd et après une première tentative de suicide que je me débats avec le monde dans ma vingtaine. À cette époque, je ne vis que pour le théâtre et la scène. Je découvre les joies des émotions au travers des auteurs comme Shakespeare car je suis bien incapable à ce moment là de vivre les miennes. Je me cache derrière des postures sociales. Ma grande timidité me pousse à m'éloigner de la vie sociale trop développée et voilà que je m'engouffre dans une quête intérieure pour trouver les réponses qui me manquent sur le monde, pour trouver mon sens.

Je ne cherche pas seulement un sens à la vie mais plutôt un sens à mon être. Est-ce la même chose ?

Quoiqu'il en soit, voilà que la vie me parle de la PNL*. Au premier abord, réfractaire, je finis par m'y intéresser et m'y former. Je découvre les joies du développement personnel, du coaching et de toutes les approches de bien-être que la vie me propose.
Je m'offre donc le temps de travailler sur moi afin de mieux comprendre ces idées de croyances limitantes, de schémas familiaux inconscients. Je découvre le plaisir des constellations familiales et je m'ouvre joliment d'année en année telle une fleur suivant le doux parfum du développement personnel.
Arrive alors la loi de l'attraction qui m'ouvre les bras et me propose d'écrire mon destin par mes intentions. Je m'affirme à cette tâche, consciencieusement, durant plusieurs années afin de dessiner la vie de mes rêves.
Voilà qu'il me vient une idée de génie :
Et si je laissais mon âme aux commandes ?
Elle a l'air de tout savoir puisque l'astrologie, la médecine chinoise, la kinésiologie, la loi de l'attraction, le bonheur d'être soi, l'affirment

* PNL : Programmation Neuro Linguistique

dans chacune des pratiques, enfin il me semble.
Allez-hop, je m'offre un défi ! Je me laisse six mois pour incarner ma part divine, suivre mon intuition qui murmure en silence dans mon oreille et je pose l'intention de laisser mon âme aux commandes.

Merveilleuse idée de lâcher-prise qui par la même occasion vient me montrer que mon destin m'appelle et que je ne suis pas du tout dans la direction souhaitée.

— Tu souhaites me laisser la place ? demande mon âme
— Oh oui ! dis-je avec une totale inconscience.
— Nous allons bien rire ! se dit mon âmc.

C'est le cœur battant de conviction que je me tue à la tâche pour créer ma réalité. Je fais tout pour gagner la somme d'argent suffisante pour être autonome et dépasser ma lignée féminine à qui l'on propose les seuls fourneaux pour toute occupation. Je m'acharne à me faire croire que l'animation de séminaire est une voie royale durant un temps. Après tout, je peux enseigner, transmettre mes savoirs et m'amuser avec confort. Cela fait maintenant trois ans que j'anime des formations de confiance en soi par le théâtre, mais en vain, car même si cela m'amuse, je n'ai pas le confort matériel suffisant pour vivre chez moi.

— Puis-je réussir dans la vie ? je demande à mon âme.
— Oui bien sûr ! Mais vas-tu seulement m'écouter ? répond mon âme.
— C'est ce que je fais ! C'est mon désir ! dis-je.
— En es-tu certaine ?

Que nenni, dis-je inconsciemment ! J'ai mon égo, je pratique la loi de l'attraction mademoiselle, je suis certaine que je vais y arriver ! Ce que je désire se réalise. Ce que je visualise s'apprête à venir à moi. Je sais ce que je veux ! Mon rêve, animer des séminaires, et je sais qu'un jour je ferai des conférences et qui sait j'écrirai même des livres ! Je suis certaine de ce qui est bon pour moi et ma voie c'est celle-là.

Mon âme se marre mais pas pour longtemps. Elle m'envoie des signaux :

— Et sinon la spiritualité tu connais ? Tu as déjà entendu parler des esprits ? Les extra-terrestres tu en penses quoi ? Je ne sais pas si j'ose dire à Aurore qu'elle est médium ? Les guides vous en pensez quoi ?
— Attends un peu chère âme. Il y a un parcours terrestre. Aurore doit apprendre d'elle-même. Elle finira par comprendre.
— Vous êtes sûrs ? demande mon âme. Parce que quand je lui glisse des insomnies, elle n'écoute pas. Lorsque je lui propose une personne plus éveillée, elle l'évite. Et si je tambourine son cœur, elle va faire du sport pour fuir son intuition. Je fais comment moi là-dedans ?

— « Univers.com », bonjour, nous sommes le service après vente. Besoin d'aide chère âme ? Il y a un « timing » divin, nous arrivons à la rescousse.

Sur terre, la tête haute et fière, la jolie Aurore continue son bonhomme de chemin.

— Oui j'y arriverai. Je vais aller acheter encore un livre, ce doit-être le énième que je lis, que je gribouille et avec lequel je fais des fiches. J'avance, j'avance, regarde, je fais confiance en la vie. Le lâcher-prise ? Laissez mon âme aux commandes ? Oui j'y arrive, non ? Regarde je peux t'écrire une dissertation là dessus.

Oui oui, sourit doucement la vie en me voyant pédaler dans la semoule. Étudie, comprends, jolie jeune fille. C'est sûr, à lire ces livres tu étudies, mais enfin si tu suivais tes réelles envies, ton apprentissage serait le même mais avec plus de « fun »... Ce n'est pas grave. Quand tu seras prête, cela arrivera.

Le « timing » divin opère.

— Bon, Aurore, tu te réveilles ou bien ? C'est bien beau la littérature mais quand vas-tu la mettre en pratique ?

Voilà qu'une année tout s'effondre. A force de croire que je m'écoute et avance, mon âme me fait bien comprendre que c'est un leurre.

— Allez Aurore, tu ne vas pas tenir très longtemps. Tu vas bientôt arrêter tes thérapies en tous genres, tu tournes en rond là-dedans, reviens sur terre. Tu veux continuer les séminaires et devenir aussi matérialiste que ta famille ? C'est cela le bonheur crois-tu ? Bon, j'envoie la sauce « burn-out », c'est parti !

Boum ! Je m'écroule. Bah mince, je n'arrive pas à avancer sur mon chemin.

— C'est quoi ce délire ? Non mais je suis déterminée, je vais y arriver.

— Je ne crois pas non, allez tiens « univers.com », le service après-vente est en marche, c'est parti pour la mononucléose. C'est bon, la fatigue opère ?

Zut je n'arrive plus à me relever, je suis à bout. Rien ne marche dans ma vie. Ma carrière ne m'épanouit pas. Mes fréquentations me tirent vers le bas sans même que je m'en rende compte. Euh, qu'est-ce que je fais en fait ?

Dans ma vie de femme je tiens le coup, mais c'est un peu le chaos.

— Je crois que j'ai perdu ma joie. Je l'ai rangée où ? Tu boudes joie ?

— Oui Aurore, je ne sais plus ce que c'est que d'être heureuse. Tu peux arrêter d'agir par obligation, pour ton image sociale et pour faire plaisir à ton égo ? me dit ma joie.

— Et puis, tu ne fais que courir, mais après quoi ? Je suis fatigué, dit mon corps.
— Cela fait des mois que je te le dis, mais mince à la fin. Je me stoppe et tant pis pour ton point de vue. Heureusement qu'on a le droit au joker « burn-out » nous les corps, sinon comment faire pour être entendus ?
Mon égo gratte la dernière cartouche.
— Ah tu veux prendre les commandes, âme ? Jamais, tu m'entends ! Jamais ! C'est moi qui tiens les rennes de ma vie, c'est moi qui décide. Et par fierté (ou par souffrance aurait dit mon cœur) je me tue à nouveau.

A bout de souffle, en bout de course, au bout de ma ficelle d'espoir, voilà, je tente à nouveau de mettre fin à mes jours. Je n'en peux plus. Trop de souffrances en un an. Je n'arrive à rien. Je ne suis pas alignée. Je n'ai plus de soutien. Je suis fausse mais si fausse que je ne le vois plus. Le masque de l'illusion s'effondre et je ne trouve pas d'autre voie que la porte de sortie de la vie. Fermeture à double tour, je n'ai plus d'espoir, c'est terminé, merci, au-revoir.

Mais voilà que par miracle, lors de mon réveil, ce n'est pas mon égo qui est là mais mon âme.
— Je suis réveillée ? Je suis en vie ? Oh m***e ! Sérieux ?? Ce n'est pas possible.
— Si si, me dit mon âme. Nous sommes bien là, nous n'avons encore rien fait de juste dans cette vie. Tu me laisses faire ?

Assommée par trop de fierté, je retrouve mes esprits. Les esprits des autres mondes. Voilà que pour la première fois de ma vie, je découvre une porte en moi, inconnue. La porte médiumnique. Qu'est-ce que c'est que ce délire ?
Mon âme me déclare calmement : Aurore, tu es médium depuis la

naissance, mais tu n'as pas su m'écouter. Si tu savais ce qui t'attend. Ton expression dans ta vie va bien au-delà de ce que tu crois. Je te propose de commencer par la médiumnité mais il y a plein d'autres portes. Tu acceptes le « deal » ?
Ayant tout perdu dans ma vie. Ayant tout foutu en l'air, je n'ai plus rien à perdre.
Ok, je joue le jeu. Après tout, le monde est fou à mes yeux, alors autant l'être aussi...

Jamais je n'aurais imaginé devenir médium. C'est à peine si j'en connaissais l'existence avant ce moment. Voilà qu'au plus bas de ma vie, mon cœur s'ouvre.

Ok, j'ai peut-être besoin d'un peu d'aide. Peut-être suis-je un peu à plat.
J'arrête d'être dans une position de fermeture et d'amertume, je me laisse guider, parce qu'après tout, jusqu'à présent, cela n'a pas donné grand chose.
C'est en l'espace d'un an que je découvre une résilience cachée en moi-même. Je sors de clinique. Un ami me propose d'aller en Espagne avec lui. Viens, je te présente des amis. Prends le temps qu'il te faut et laisse-toi tout le temps. On s'en fiche de ce qu'il faut faire dans la vie, laisse-toi vivre.
Si cet ami lit ces lignes, Pierre Garcia, sache que je te dois énormément. Tes mots ont résonné (raisonné) en moi et m'ont aidée à me relever. Merci.
J'accepte enfin d'être vulnérable. Je lâche-prise. Me voilà avec ce don à dompter. Cela me prend plusieurs mois. Et voilà que je dois mettre en pratique tout ce que j'ai étudié encore et encore durant des années.
Ok, j'accepte de vivre mes émotions.
Ok, je suis perdue, je ne sais pas du tout où je vais dans ma vie. Je n'ai

d'autres choix que de faire l'expérience du présent.
Ce présent qui a toqué à ma porte tellement de fois sans être entendu à cause la cacophonie de mon mental.
Ok, j'accepte de voir les synchronicités de la vie. N'ayant rien dans ma vie, ou si peu, je me débarrasse de mes jugements et de mes a priori et accepte tout ce qui est devant moi.
Je commence à composer avec les instants présents qui m'accompagnent à chacun de mes pas.
Chaque souffle d'idée apparaît lors de discussions entre amis.
Les hasards me prennent dans les bras de par ma disponibilité.
Et voilà que le sentiment d'être perdue et sans vision précise devient une source de vie infaillible. Pas besoin de savoir à l'avance, fais confiance et la vie te montrera.
C'est comme si le voile de mes illusions, de mes pensées, de mes croyances, de mes idées préconçues, de mes objectifs et de toute projection idyllique du futur s'étaient estompés pour laisser place au chaos magnifique et organique de la vie.
Cette vision chaotique de ne pas savoir est devenue la confiance certaine que la vie sait pour moi.
La simplicité de la vie est devenue une réponse.
À ne plus rien projeter dans ma tête, je pouvais enfin voir une autre réalité.

Le monde nous répond
à chaque instant.

À être vulnérable, sans jouer de rôles, je pouvais enfin écouter la vérité de mon corps.
Mes émotions accrues sont devenues des feux de route dans le noir de mon futur.
Peu importe ce qui se passe demain, ce qui compte c'est la réponse d'aujourd'hui.

Et c'est ainsi que mon âme a su me montrer ma voie, mon chemin, la symbiose de tous ces moments. Ma vérité de l'instant me montrait comment être à chaque instant. Rien à faire ou à prévoir, juste à être. J'ai laissé place à la vie qui s'est chargée de me montrer les réponses que je cherchais depuis si longtemps en moi-même.
Au lieu de courir après un avenir à construire, le présent me montrait la vérité à être pour le devenir ensuite.
Car l'avenir n'est pas dans le faire mais dans l'être.
Qui veux-tu être Aurore ?
Quelles expériences souhaites-tu vivre ?
Quelles sensations souhaites-tu ressentir ?
Focalise-toi là-dessus, et moi, ton destin, je m'occupe de la forme des choses. Ce n'est plus à toi de prévoir, ton job est de recevoir.
Ouvre, accueille, laisse ton cœur te guider et tes pas dessiner le reste.

Peu importe où tu vas,
ce qui compte c'est le chemin de ton être
qui dessine ta vie.

- VI -
L'intégrité et la parole impeccable

POUR CRÉER UNE VIE À NOTRE IMAGE, NOUS AVONS BESOIN D'ÉMANER LA BONNE VIBRATION À CHAQUE INSTANT.

Nous avons donc besoin d'être vrai avec nous-même pour vibrer la bonne fréquence. Une fois à l'écoute de nous-même, de notre être véritable, nous commençons à être intègre envers nous-même.

L'intégrité et la parole impeccable

Être intègre, c'est être capable de voir la réelle expérience que nous vivons. C'est être conscient de ce que l'on ressent réellement au présent.

Qu'est-ce que je ressens profondément en moi ?
Qu'ai-je réellement envie de dire ? Quel est le fond de ma pensée ?
Qui suis-je en cet instant ?
Finalement, à chaque événement, la question du Qui suis-je, se pose.
Elle ne se pose pas de manière consciente.
Mais qui suis-je face à cette situation ?
Qui suis-je face à cette parole ?

Qui suis-je face à ce choix ?
Qui suis-je face à cette personne ?
Qui suis-je en cet instant ?
Qui suis-je ?
Cette question semble insoluble lorsque nous l'observons avec le mental mais nous le vivons à chaque instant, ce « je suis ». C'est ce que nous sommes, la réponse est déjà là. Nous en faisons l'expérience.
Être intègre c'est être conscient de ce que nous sommes, de ce que nous ressentons dans l'instant.
Être intègre, c'est être conscient de l'expérience que nous sommes en train de vivre.

Une fois conscient, acceptons-le pleinement et une fois accepté, vivons-le, et une fois vécu, nous passons à l'instant suivant qui aura une résonance autre, une vibration différente avec un autre état, une autre humeur et une autre vision des choses.

C'est ça être dans l'instant présent. C'est être intègre. Et exprimer sa vérité, c'est exprimer son intégrité. C'est savoir l'exprimer à soi-même ainsi qu'aux autres.
C'est savoir se dire, là, dans mon intégrité, j'ai besoin de faire une pause. Alors osons nous l'octroyer, même dans une sphère professionnelle qui normalement ne le permettrait pas. Rien ne nous empêche de le formuler.

— Excusez-moi, j'ai besoin d'une pause en cet instant afin d'être efficace dans ce que vous me demandez.
Ou de dire :
— Je prends le temps de réfléchir à cette question, laissez-moi quelques minutes avant de vous répondre.

Être intègre, c'est être capable d'exprimer ses besoins.

Si vous les exprimez en votre nom, en disant « je », sans faire de reproche auprès des autres, nous ne pourrons rien vous reprocher.

Être intègre, c'est oser exprimer sa vérité.
Être intègre, c'est oser l'être.

Pour être intègre nous nous devons parfois d'oublier les postures sociales, les conditionnements, les habitudes de ce qui est juste ou non. Nous sommes tellement habitués à vivre selon ce qui est « juste » en fonction de l'extérieur que nous nous oublions.
Trouvez-vous cela normal, une société où les émotions sont refoulées ? Trouvez-vous cela normal, que sous prétexte que nous soyons dans une sphère professionnelle, il soit si mal vu d'avoir des émotions, d'être vivant ?
L'être humain n'est fait que d'émotions. Pourquoi jugeons-nous le fait de pleurer ?
Pourquoi n'est-il pas admis d'être pris de fous rires en réunion ?
Pourquoi accordons-nous tant d'importance aux regards des autres, à ce qui est soi-disant juste ou non dans telle situation ?
La seule justesse n'est-elle pas plutôt d'accepter sa vérité ?
Un être humain n'a-t-il pas le droit de vivre sa vérité et d'être traversé par son émotion du moment ?
L'amour et le respect entre les êtres humains ont-ils disparu à ce point ?

Pourquoi les masques ont-ils pris tant de place dans nos vies ?

Ceci est si convenu par le conditionnement, que même avec nous-même nous perdons notre vérité. Nous sommes tellement habitués à être éloignés de nous-même que même notre intégrité nous échappe.
Trouvez-vous cela normal de passer autant de temps à lire des livres de développement personnel afin de savoir comment nous fonctionnons ?
Est-ce normal de suivre des psychothérapies en tous genres afin de

découvrir qui nous sommes réellement ?
Avons-nous réellement besoin de thérapeutes pour aller voir ce qui se loge dans notre inconscient, nos émotions et notre cœur ?
Sommes-nous à ce point déconnectés de nous-même ?
Nous cherchons des réponses pour savoir comment être heureux, tellement nous ne savons plus l'être ?
Nous cherchons le peu de liberté qui reste envers nous-même tellement la vie est faite d'interdits permanents.
Ces interdits et ces limitations ne sont que des illusions, il ne tient qu'à nous de nous en libérer.
Libérons-nous de ces rôles que nous nous donnons.
L'intégrité ne porte pas de masques.
Être intègre, c'est dire sa vérité et oser la vivre

Cela nous demande de changer nos habitudes et nos visions.
L'intégrité nous oblige à une chose : nous respecter.

Je vois combien il est difficile pour nous tous, de nous respecter nous-mêmes. Nous manquons tellement d'amour et de reconnaissance envers nous-mêmes. Nous avons été habitués et conditionnés à regarder vers l'extérieur. Notre curseur interne n'est qu'un curseur externe.

— Que va penser cette personne si je fais cela ?
— Non, je ne peux pas, cela ne se fait pas.
— Je ne suis pas à plaindre, après tout il y a pire.

Combien de fois dans une journée, nous portons un jugement sur notre vérité sous prétexte qu'elle ne serait pas admise par quelqu'un d'autre ou un contexte. L'être humain ne peut être lui-même, il y a des codes, des lois, des règles de bienséance. Voyez combien le monde que l'on nous propose de vivre est éloigné de

notre âme et de qui nous sommes vraiment. Nous devons nous battre pour être nous-même. Nous devons nous démener pour être libre de nous-même et libre de vivre la vie que nous souhaitons.
Tout ce système fonctionne à l'envers.

Heureusement, notre pouvoir intérieur est encore accessible. Notre intégrité peut devenir un bouclier à toute épreuve. A nous d'oser la voir et de ne pas en avoir peur.

Vous rendez-vous compte que souvent, nous avons peur de nous-même. Nous avons peur d'être vrai et d'assumer cela.

Vous imaginez dire à votre enfant :
— Tu vas voir, je vais te conditionner et je vais t'apprendre à avoir peur de toi-même car tu n'es pas comme il faut. Tu vas apprendre à t'adapter au monde extérieur. Je vais te façonner une image mentale de ce qu'est un bon être humain. Et ta vérité intérieure et l'expérience que tu fais de la vie de façon innée est à oublier. Tu ne vas quand même pas faire l'expérience de la vie en étant qui tu es ! Non, non ! Deviens qui nous voulons que tu sois, fais-toi croire que tu le veux aussi, et puis si un jour tu vis une prise de conscience, bravo à toi, et fais le chemin inverse. Bon courage !

Nous sommes nombreux à passer notre vie à vouloir découvrir qui nous sommes vraiment, alors que cette vérité est là à chaque instant.
Au lieu de le chercher, nous ferions mieux de le vivre.
Alors vivons notre intégrité, cela ira plus vite.

Cela nous demande d'être impeccable dans notre vérité, avec nous-même, puis avec les autres.

Combien de fois, répondons-nous réellement à cette question ?
— Comment vas-tu ?

Et si nous nous demandions :
— Qui sommes-nous à cet instant ?

Lorsque nous nous posons cette question, nous nous donnons l'autorisation de nous percevoir dans notre entièreté.
Nous ne nous voyons plus comme la personne que nous souhaitons être en société ou en fonction des autres et de nos valeurs, mais plutôt comme une Source d'énergie que nous sommes venus expérimenter ici bas.
Parfois, nous souhaitons véhiculer une image de nous auprès des autres. Nous avons besoin de nous montrer parfait, fiable, doux, avenant, engagé, etc...
Nous avons besoin de répondre à nos valeurs pour nous montrer aimable aux yeux des autres ou de nous-même.
Cette posture est juste jusqu'à un certain point.
Du point de vue de l'âme et de l'énergie que nous sommes réellement, notre intégrité est légèrement différente.

L'âme n'a pas forcément besoin de se montrer parfaite, fiable, douce, avenante, engagée... Elle a juste à vivre et expérimenter ce qu'elle vit en cet instant.

C'est le mental et notre passé qui nous donnent la référence de nos valeurs. Mais l'âme, elle, est bien plus grande.
Si nous arrivons à sortir de ce conditionnement mental pour être connecté à notre âme, nous verrons que l'âme, fait l'expérience de l'Amour. Elle est connectée au Grand Tout, à Dieu, l'Univers, le mot que vous souhaitez...
Cette connexion divine est au cœur de notre cœur. Logée au plus profond de nous-même. Cette expérience profonde accessible est la connexion véritable à l'énergie de Vie.
Cette énergie est loin des conditionnements, des croyances ou des

valeurs de notre personne.
Notre âme est au-delà de cela.
Si nous arrivons à nous connecter à cela, nous faisons disparaître instantanément toutes nos croyances ou limites envers nous-même.
Nous faisons alors l'expérience de la vie et nous pouvons voir apparaître une toute autre façon de faire l'expérience de nous-même.
Cette connexion majestueuse nous demande de lâcher complètement nos croyances, et ce sur quoi nous nous sommes construits.
C'est assez confrontant, mais c'est une voie possible pour nous montrer que ce que nous croyons être n'est qu'une infime partie de la réalité.
Nous avons tellement de ressources insoupçonnées en nous-même.
Cette connexion à soi nous permet d'agir dans la vie non pas en réaction face à l'extérieur, mais en conscience de nous-même vers le monde.
C'est un chemin profond et fastidieux mais, avec de la joie et de la patience, nous pouvons toucher cela du doigt et vivre une sensation magique.

Au lieu de nous demander comment nous allons, nous pouvons nous demander qui nous sommes.

En étant à l'écoute de la vérité à chaque instant, nous sommes capables de dire qui nous sommes. Et donc de le vivre, le ressentir et l'incarner pleinement.
C'est là que nous faisons l'expérience de notre être véritable qui ne demande rien d'autre que de pouvoir expérimenter en conscience et par nous-même, notre plus grand bonheur.

Être intègre, c'est avoir la chance de s'octroyer le temps d'être soi-même. Cela demande beaucoup de courage et de patience. Et beaucoup de joie aussi.

Être intègre, demande cette connexion à soi, à son corps, à son plexus solaire, ses chakras.
Être intègre, c'est être connecté à son âme et la laisser prendre la parole à chaque instant.
Lorsque nous parlons avec le cœur et notre vérité, nous sommes certes plus vulnérable, mais tellement plus juste envers nous-même.
Contrairement à notre tête, nos habitudes sociales et nos masques.
Bien que parfois, il nous est impossible d'être intègre, et ce n'est pas grave.

Si nous voulons gagner en intégrité, nous devons gagner en profondeur.

Être intègre, c'est oser voir la vulnérabilité qu'il y a en nous.
Être intègre, c'est se laisser surprendre par ce qui se trouve en nous.
Être intègre, c'est oser l'assumer auprès du monde, mais avant tout auprès de nous-même.
Les obstacles inconscients que nous portons sont de grands freins à notre intégrité. L'enfance, les croyances limitantes, les liens, les sentiments, la loyauté, les attitudes sociales, les obligations, les objectifs fixés, etc...
Lorsque nous nous fixons un objectif, nous nous créons un lien et ce lien vient parfois limiter notre intégrité et nous empêche, consciemment ou non, d'être nous-même.
C'est en cela que l'exercice du panier du deuxième chapitre aide à l'intégrité.
Nous pouvons nous libérer de tous ces liens limitants.
Être intègre, c'est se débarrasser de tout ce qui nous limite.

L'intégrité, c'est s'offrir la joie et l'espace d'être pleinement nous-même.

Jusqu'à quel point as-tu envie d'être intègre ?
Jusqu'à quel point oses-tu l'être ?
Jusqu'à quel point oses-tu t'offrir une vie totalement à ton image ?
En lisant ces lignes, jusqu'à quel point admets-tu que ces mots résonnent ou non en toi ?
Qu'est-ce que cela vient réveiller comme peurs, comme doutes, comme craintes ou au contraire comme joie, comme foi, comme espérance ?
Toutes ces émotions, aussi subtiles soient-elles, même si elles ne durent parfois qu'une seconde, sont les vérités de notre être. Notre intégrité.

Être intègre, c'est oser
se voir réellement.

Voir la vérité de l'instant pour prendre le temps de le ressentir et de le vivre.
Être intègre, c'est s'éloigner du mental qui, lui, est dans sa course effrénée de choses à faire, de choses à dire, d'actions à mener et à prévoir selon sa bonne logique.
Être intègre, c'est prendre un moment de pause de quelques secondes pour revenir dans son centre et s'ancrer à nouveau. Revenir dans son cœur et son corps.

Quelle expérience je fais là tout de suite ?
Que ressent mon corps ?
Que ressent mon âme ?
Que me dit-elle ?

Cette conscience d'être totalement ancré dans son corps est primordiale pour être intègre.

L'ancrage est la clé.

* *

EXERCICE D'ANCRAGE

* *

Ressentez le poids de votre corps sous vos pieds, ressentez la plante de vos pieds, ressentez le contact avec le sol, revenez dans votre corps.

Plus vous serez ancré, plus vous serez connecté à vous-même, à votre corps et donc à vos émotions et ainsi à la porte de l'intuition qui vous connecte à l'âme.

* * * * * * * *

Si vous n'êtes pas ancré et vivez seulement dans le mental, avec vos habitudes, vous ne pouvez expérimenter l'intégrité.

L'intégrité ne se prévoit pas.
L'intégrité n'a pas d'emploi du temps.
L'intégrité ne peut pas prévoir ce qu'elle va vivre.
L'intégrité, c'est être surpris par l'instant présent.

Être intègre, c'est avoir l'amusement de prendre le temps pour ressentir en profondeur ce que vous vivez.
Être intègre, c'est être conscient et aimant de qui vous êtes, quelle que soit l'expérience que vous faites.
Être intègre, c'est avoir la capacité de prendre le temps d'être présent à soi-même. De ressentir pleinement ce qu'il y a en vous et de le vivre en conscience. En étant ok avec ce qui vous traverse, quelle que soit l'émotion, agréable ou désagréable, vivifiante ou fatigante... c'est cela être intègre.

* *

INTÉGRITÉ AU QUOTIDIEN

* *

Amusez-vous à observer au quotidien, le nombre de fois où vous n'avez pas réussi à être intègre vis-à-vis de vous ou vis-à-vis des autres.

Prenez trois moments dans la journée où vous n'avez pas pu être intègre pour quelque raison que ce soit.

Notez-le.

Exemple :
Ce matin, lorsque l'on m'a posé la question, je n'ai pas été intègre, je n'ai pas répondu ma vérité. Pourquoi ?

Qu'ai-je voulu cacher ?
Qu'ai-je voulu protéger ?
Pourquoi n'ai-je pas voulu répondre à cette question :
— Comment vas-tu ?
Est-ce simplement parce que c'est un collègue avec qui vous n'avez pas d'affinité ?
Quelle était la vérité ?
Dire seulement :
— Ça va, merci
Ou bien dire :
— Honnêtement, je ne suis pas assez proche de toi pour te répondre.

Le but n'est pas de le formuler aux autres forcément, le but est d'en prendre conscience. Bien trop souvent, ce sont les jeux inconscients qui nous dirigent.

Au lieu de le dire (ou me dire), je réponds par politesse sans me poser de questions.
Je peux aussi me dire, c'est un collègue de travail et je n'ai aucune affinité avec cette personne. Pourquoi suis-je hypocrite en lui disant bonjour ?
Je suis faux dans ma politesse. Mon attitude est hypocrite.
Pourquoi fais-je semblant de lui poser la question « comment va-t-il » alors qu'en réalité je m'en moque ?

Le simple fait d'en avoir conscience change notre posture.

Nous pourrions par exemple, modifier notre façon de dire bonjour afin que celle-ci ne laisse aucune place à un dialogue éventuel si celui-ci nous importune.
Assumer un bonjour par politesse sans laisser place à autre chose.
La personne saura à qui elle a à faire.

Cette attitude atténue notre joie intérieure puisque nous ne sommes pas à l'écoute de notre intégrité.
Cela réduit notre puissance énergétique.

* * * * * * * *

Combien de fois, me suis-je retrouvée à écouter des discussions de soirée qui finalement ne m'intéressaient pas tant que cela ?
Pour donner une bonne image de politesse, j'ai écouté et relancé la personne pour lui faire plaisir. Mais où est passée mon intégrité dans ces moments-là ?
Me suis-je autorisée à lancer un autre sujet de conversation ? Me suis-je autorisée à quitter la table ? Me suis-je autorisée à répondre à mon besoin du moment ?

Au lieu d'écouter ma vérité, j'ai donné de l'importance à l'autre par peur de le vexer, d'être moins aimée ou toutes autres croyances inconscientes.
C'est un exemple qui n'impacte pas ma vie.
Mais combien de fois en réalité, je n'ose exprimer ma vérité dans ma vie ? Combien fois n'ai-je pas osé formuler mon réel besoin ? Combien de fois ai-je laissé les autres décider à ma place ?

Avec le temps et l'accumulation, nous sommes capables de passer à côté de notre vérité et donc de notre vie par le simple fait de faire plaisir aux autres par peur de nous-même et d'être moins apprécié.

Combien de couples font des compromis pour que cela fonctionne ? Combien de fois dans notre sphère professionnelle sommes-nous obligé de nous plier aux exigences extérieures ?
Ce n'est pas une critique que j'amène là.
Je cherche juste à nous signifier le pouvoir de l'intégrité dans notre réalisation et le bonheur de notre vie.
Parfois nous faisons face à des problèmes ou des douleurs dans nos vies qui sont dus à une accumulation de moments où nous ne nous sommes pas écoutés réellement.

L'INTÉGRITÉ POUR SOIGNER LES BLESSURES

Choisissez un domaine de votre vie où quelque chose vous perturbe et vous chagrine.

Observez la situation dans son ensemble.
Depuis combien de temps est-ce que cela dure ?

Qu'est-ce qui a enclenché cela ?
Quelle succession d'évènements ont eu lieu pour en arriver jusque-là ?
Combien de fois avez-vous manqué d'intégrité ?
Si tout était possible et que votre âme était pleinement incarnée, que ferait-elle ?
Autrement dit, en prenant le temps de suivre votre intégrité, que voulez-vous faire, dire ou transformer ?
Qu'est-ce qui vous en empêche ?
Quelles croyances viennent vous confronter à vous-même et l'image de vous-même ?

Voyez-vous combien ce rapport à vous-même et au monde vient entrer en confrontation avec votre essence ?

Quelle vérité souhaitez-vous vivre ?
Quelle part, que souhaitez-vous choisir ? Votre âme ou votre égo ?
Votre intégrité ou le personnage que vous souhaitez être pour être aimé ?

Je suis intimement convaincue que si nous arrivons à être intègre, toutes nos blessures liées à l'enfance et à notre manque d'amour pour nous-même disparaissent.

* * * * * * * *

Être en paix avec soi, faire des choix en conscience et vivre sa vie pleinement consiste à faire l'expérience de notre intégrité.
En étant intègre, nous nous respectons et nous faisons l'expérience de ce que notre âme souhaite. Nous nous sentons alors connecté à la Vie, l'Univers, l'Amour, Dieu... choisissez votre mot, et vivre devient alors magique.

Chaque moment où nous ne sommes pas intègre vient influencer notre vibration. Lorsque nous ne sommes pas intègre, notre vibration s'abaisse.

Imaginez être une couleur d'un jaune éclatant. Votre vibration est d'un magnifique jaune.
Vous dites bonjour à quelqu'un dont vous n'avez rien à faire.
Cette personne vibre bleue.
Le fait d'entrer en résonance avec sa vibration bleue vient mettre un peu de bleu dans votre jaune. Vous devenez donc un petit peu vert.
Tant qu'il n'y a seulement qu'un petit point vert dans votre jaune, ça va, mais imaginez que vous cumuliez les mauvaises fréquences lors de votre journée et que celles-ci vous impactent.
Vous commencez à traiter un dossier qui ne vous met pas en joie, celui-ci est gris.
Et puis lors du déjeuner vous mangez un repas qui ne convient pas à votre organisme, simplement parce que c'est celui de l'entreprise, vous faites entrer dans votre corps des aliments de couleur rouge.
Etc.
A la fin de la journée, votre belle bulle lumineuse jaune éclatante est devenue une mixture dont toutes les couleurs sont mélangées.
Imaginez dans quel état émotionnel vous vous trouvez.
Où se trouve le respect de votre âme ?
De vous-même ?
Voyez-vous la nécessité de maitriser votre énergie, votre vibration, votre couleur énergétique pour qu'elle ne soit plus impactée par les évènements extérieurs ?
Dans cette situation décrite, certes simpliste, l'idée est de mettre en évidence l'importance de la protection énergétique.
La personne décrite dans l'exemple n'a pas forcément besoin de changer de métier mais elle a besoin d'apprendre à se protéger pour maintenir son taux vibratoire, et l'intégrité en est une des clés.

Votre intégrité est votre capacité à mettre des limites, à être dans votre justesse et à prendre soin de votre énergie, de votre vibration et de votre être véritable.
C'est pourquoi plus vous êtes vrai, plus vous avez une parole impeccable envers vous-même, plus vite vous pourrez l'avoir avec les autres et moins vous vous laisserez influencer. Les énergies auront moins d'impact sur vous.

Si vous arrivez à maintenir au maximum la couleur de votre aura au fil de la journée, cela montre que vous êtes intègre. Vous vous êtes respecté puisque vous vous êtes choisi et vous êtes votre priorité.

En étant juste, vous attirez à vous des situations et des personnes qui sont de la même fréquence que vous. Votre aura entre alors en résonance avec d'autres fréquences de la même couleur. Cela crée alors une expansion magnifique et sublime.
En nous laissant envahir par un extérieur dont la vibration ou la couleur sont néfastes pour nous, nous perdons notre intégrité, notre aura, notre vibration et notre connexion à nôtre âme.
Nous le vivons à longueur de journée. Il est délicat dans notre monde de maintenir parfaitement notre vibration mais nous pouvons chaque jour nous améliorer et nous entraîner.
Le simple fait d'en prendre conscience est un bon départ.

En étant conscient, lors d'un échange avec une personne, de l'énergie qui circule, nous pouvons alors réagir. Nous pouvons agir sur notre intégrité, nous pouvons agir sur notre énergie et notre espace personnel.

L'idée n'est pas du tout de changer l'énergie de l'autre, cela ne nous importe pas. Chacun sa place, son espace et sa responsabilité. En revanche, nous pouvons à notre guise agir sur notre propre niveau

d'énergie, en toute autonomie. Cette vision de la vie nous permet de reprendre notre intégrité et notre pouvoir créateur. Ainsi nous n'attendons rien de l'extérieur, nous n'attendons pas que les choses changent ou évoluent autour de nous. Nous évoluons directement en nous, en pleine conscience et ainsi nous attirons d'autres fréquences et donc des évènements différents. C'est parce que nous nous changeons nous-même qu'alors notre environnement évolue et non l'inverse.
Nous pouvons alors être en contact avec l'extérieur sans que celui-ci interfère. Ce sont des limites vibratoires, énergétiques et conscientes.

Amusez-vous chaque matin à visualiser la ou les couleurs du jour de votre aura, et maintenez-la rien qu'en la visualisant.

Et amusez-vous à ressentir cette couleur. Lors d'un échange avec une personne, amusez-vous à percevoir si votre couleur évolue ou non.
C'est une façon métaphorique, imagée et symbolique d'entrer en communication avec votre âme.
Amusez-vous à avoir conscience de votre énergie, de votre aura et de votre intégrité profonde. En prenant cela comme un jeu, vous allez vibrer haut et fort rapidement.
Vous allez vite vous rendre compte à force d'entrainement que vous attirez à vous des évènements en corrélation avec votre vibration.
Moins nous sommes conscients de notre vibration, plus nous nous laissons influencer par les énergies extérieures, plus nous vivons alors une vie déconnectée de notre âme et de notre vérité.

L'intégrité permet d'être juste avec soi.
L'intégrité permet de s'aimer profondément.
L'intégrité permet d'être dans le respect de soi-même.
L'intégrité permet l'écoute de son âme.
L'intégrité permet le respect envers soi et les autres.

Offrez-vous le pouvoir de maitriser cette bulle énergétique que vous êtes déjà.
Lorsque vous aurez pris possession de votre pouvoir créateur, vous pourrez ensuite vous amuser à changer la couleur de votre aura. Vous pouvez vous réveiller bleu mais désirer vivre une journée orange.

Vous pouvez choisir votre vibration, l'état d'être que vous vivez, en étant en pleine conscience de vous-même et en maitrise de vos énergies.

Là, vous passez au stade suivant.
De « l'intègre » vous passez au « créateur » même.
Vous pouvez choisir l'état d'être que vous souhaitez vivre.
Il y a juste à vous dire chaque matin :
— Aujourd'hui, je veux ressentir tel état d'être.

Demandez à votre âme. Mettez vous en condition pour le ressentir et maintenez ce ressenti. Vivez votre journée en maintenant cet état d'être et amplifiez-le encore et encore. Toutes les actions qui découlent de cet état d'être viennent alors l'alimenter et le renforcer. Ainsi tous les évènements extérieurs viennent alimenter ce ressenti puisque vous choisissez votre état d'être et donc votre réaction appropriée pour le maintenir. Vous renforcez ainsi votre vibration. Vous êtes alors fier et heureux de vous. Et cela donne une énergie exponentielle. Cette spirale positive est infinie.
La vie nous envoie exactement ce dont nous avons besoin puisque nous sommes maître de notre vérité intérieure.

En étant intègre, nous devenons maître de notre destin.

La vie devient une danse d'intégrité.
Voyez à quel point la vie vous aime et vous répond puisque l'univers

entre en résonance avec vous.
C'est un jeu, ludique et simple. Tellement plus simple que nous ne l'imaginons. L'âme est simple.
Une fois compris le mécanisme de connexion à l'âme, l'énergie, la vibration et l'intégrité, nous devenons le créateur de notre vie.
N'est-ce pas joyeux et ludique ?
C'est aussi simple que cela.
La vie est comme un jeu d'enfants, fait de couleur et de joie.
Amusez-vous à mettre la couleur que vous souhaitez dans votre vie.
La vie devient une palette joyeuse qui permet de dessiner votre destin sur cette toile blanche. Chaque jour est une toile à peindre.
Vous en êtes la palette de couleur, et l'âme, le pinceau.

Il y a une chose que je souhaite partager dans ce présent chapitre. Je trouve qu'il est important d'accepter son intégrité non pas pour se changer soi-même mais simplement pour se laisser la chance d'être soi-même en chaque instant.

Dans le développement personnel, le bien-être ou la spiritualité, nous pouvons assez facilement tomber dans le plaisir de se guérir, de se transformer, de s'améliorer et d'être une meilleure personne.
C'est tout à notre honneur mais je crois aussi que c'est une perte de temps et d'estime pour soi-même.
Je vous partage mon point de vue, qui n'est que le regard de ma propre expérience et je vous partage ici un regard humain de la femme que je suis et non une guidance captée au vol par mes soins médiumniques.
J'ai constaté durant mes dizaines d'années de passion acharnée pour le développement personnel que certaines personnes, dont je fis partie durant un temps, ont à cœur de se transformer inlassablement en quelqu'un d'autre. Comme si la quête du bonheur était de courir derrière un personnage idyllique que nous souhaitons devenir.
Comment puis-je être encore plus aimé des autres ?

Comment puis-je être plus performant(e) ?
Comment puis-je être plus belle ou plus beau ?
Comment puis-je réussir davantage ?
Nous avons accès à une flopée d'approches en tous genres qui nous permettent d'atteindre des rêves illusoires dans lesquels nous nous imaginons plus heureux.
Je ne dis pas que nous ne devons pas nous améliorer ou tout faire pour réaliser nos rêves. Bien au contraire ! Mais je crois que le chemin de développement personnel le plus court est finalement de se foutre la paix. Ce que je veux dire par là, c'est qu'au travers de notre fameuse intégrité, nous pouvons juste être nous-même avec nos qualités et nos soi-disant défauts pour vivre avec en toute simplicité.

L'intégrité c'est aussi accepter ce qui est.
La guidance nous dit que notre âme est loin de nos croyances et de nos structures mentales inconscientes qui nous font agir d'une certaine manière pour être aimé.

Je partage cette vision et j'ai parfois touché du doigt cet état de grâce d'être baigné dans l'amour et la paix profonde quel que soit l'évènement extérieur qui m'accompagne.
Je me dis aussi, que nous pouvons accepter nos états internes. Nous pouvons aussi accepter de manquer d'intégrité et d'être parfois plus poli que profondément sincère avec nous-même. Le simple fait d'en être conscient nous permet de moins lutter avec soi ou le monde extérieur.
Pour ma part, le simple fait d'être observatrice de mes comportements ou choix et d'en avoir conscience quelle que soit la voie que je choisis entre l'âme et l'égo, me permet d'être en paix.
Je suis quelqu'un de profondément sensible à mes émotions et mes états internes. Je suis avant tout émotionnelle plus que cérébrale. Durant de nombreuses années, ces états émotionnels étaient une

souffrance car je considérais que je devais les modifier pour être aimée. Maintenant que je suis consciente de mon intégrité, je perçois la différence entre mon personnage terrestre, mon égo, mon cœur et mon âme. Peu importe si je choisis l'une ou l'autre expérience, je le fais avec davantage de conscience et cela me libère d'un poids que je me mettais.
Au lieu de vouloir m'améliorer pour être une meilleure personne, je m'améliore pour être véritablement la personne que je suis déjà. Ce faisant, je m'accepte telle que je suis et je n'ai plus besoin de partir en quête d'outils ou de connaissance pour me changer.
Je me laisse vivre tranquillement et le bonheur d'être moi avec mes talents, mes défauts et mon caractère.

Voici une méditation guidée pour choisir votre vibration du matin

Cette guidance méditative vous permet de jouer avec votre état intérieur. Vous pouvez la pratiquer tous les matins afin d'augmenter votre conscience et votre connexion à vous-même.
Si vous avez un événement important à vivre et que vous souhaitez vous préparer, cela fonctionne aussi.
Cette guidance joue avec les couleurs et les émotions que cela procure. Chaque couleur influence votre état interne.
Cette guidance vous invite aussi à rester ouvert.
La couleur peut changer d'émotion en fonction des jours. Parfois le bleu va sous stimuler et d'autre fois vous apaiser. Il n'y a pas forcément de lien avec les couleurs qui sont souvent associées aux chakras ou aux idées préétablies sur celles-ci.
Chaque couleur qui vous vient durant cette guidance est juste et vous pouvez vous laisser bercer par elle, sans l'analyser. Ressentez et laissez l'expérience vous mener. Chaque jour aura sa couleur, son énergie et son expérience.

Bon voyage à vous.

* *

MÉDITATION GUIDÉE POUR CHOISIR SA VIBRATION DU MATIN

* * * * * * * * * * * * * *

Installez-vous confortablement.

Fermez les yeux et respirez profondément.

Inspirez et expirez.
Inspirez et expirez.
Inspirez et expirez.
A chaque expiration, les pensées inutiles s'en vont.

Vous êtes conscient de votre énergie.

Vos ressentez pleinement votre corps, votre souffle, votre cœur qui bat.

Restez un instant dans ce silence.

Vous voyez danser en vous, une énergie de bien-être. Une présence à vous-même.

Vous êtes en paix.

Quelles que soient les sensations que vous avez, c'est ok. Elles sont parfaites comme elles sont et vous les acceptez avec volupté, bonheur et simplicité.

Vous êtes bien.
Vous êtes en paix.
Vous êtes connecté à vous-même.

La respiration se détend.

Vous êtes calme et serein.

Lors de la prochaine inspiration, vous demandez à entrer encore plus profondément en contact avec votre âme.

Bonjour mon âme, je suis heureux ou heureuse de te voir et d'entrer en connexion.

La respiration vous suit.
Vous êtes bien, heureux et serein.

Ressentez les battements de votre cœur.
Devenez un avec lui.

Bonjour mon cœur, comment te sens-tu aujourd'hui ?
Ton battement m'enchante.
Dis-moi cœur, de quelle couleur es-tu aujourd'hui ?

Laissez la couleur apparaître dans votre esprit.

Vous êtes bien. En paix et serein.

Dis-moi mon cœur, est-ce bien la bonne couleur que je vois ?

Demandez à votre cœur de renforcer la couleur qui est apparue.

Comment vous sentez-vous ?
Est-ce une couleur qui vous impacte ?
Comment cette couleur vous rend-elle ?
Est-ce agréable ?

Vous pouvez demander d'atténuer ou de renforcer la couleur qui est apparue.

Qu'est-ce que cela change en vous ?
Avez-vous envie de rester connecté à cette couleur ?

Si oui renforcez-là
et amplifiez les sensations qu'elle vous procure.
Une fois cela fait, imprégnez-vous de celle-ci.
Visualisez là et choisissez un mot qui décrit cet état.

Si cet état vous convient vous pouvez prendre quelques instants pour le ressentir et le garder en vous.

Vivez cette journée, imprégné de cette belle énergie.

Si vous souhaitez changer de couleur, respirez profondément.
Demandez à votre cœur s'il veut bien changer d'état.

Dis-moi mon cœur, peux-tu m'envoyer une autre couleur ? Qu'ai-je besoin de ressentir pour bien vivre ma journée ?

Laissez une nouvelle couleur apparaître.
Si rien ne vient, vous pouvez choisir l'état que vous souhaitez être aujourd'hui.

Cœur, aujourd'hui j'ai besoin d'être...
et formuler votre état.

Laissez votre cœur vous montrer une couleur associée à cet état.
Imprégnez-vous de cette couleur.
Laissez la couleur apparaître dans votre esprit.

Vous êtes bien. En paix et serein.

Dis-moi mon cœur, est-ce bien la bonne couleur que je vois ?

Demandez à votre cœur de renforcer la couleur qui est apparue.

Comment vous sentez-vous ?
Est-ce une couleur qui vous impacte ?
Comment cette couleur vous rend-elle ?
Est-ce agréable ?

Vous pouvez demander d'atténuer ou de renforcer la couleur qui est apparue.

Qu'est-ce que cela change en vous ?
Avez-vous envie de rester connecter à cette couleur ?

Si oui renforcez-là
et amplifiez les sensations qu'elle vous procure.
Une fois cela fait, imprégnez-vous de celle-ci.
Visualisez là et choisissez un mot qui décrit cet état.

Si cet état vous convient vous pouvez prendre quelques instants pour le ressentir et le garder en vous.

Vivez cette journée, imprégné de cette belle énergie.

* * * * * * * *

Retrouvez la méditation guidée par Aurore, en « live » sur : https://www.editions-atlantes.fr/produit/libre/

- VII -
Le silence et la pause pour intégrer

DANS LE FONCTIONNEMENT HABITUEL
DE LA SOCIÉTÉ, L'ACTION A PRIS LE DESSUS.

Nous donnons bien souvent plus de valeur au résultat qu'à la qualité des moyens pour y arriver. Nous sommes habitués à nous focaliser sur l'action pour obtenir des résultats au détriment de la qualité d'être.

Le silence et la pause pour intégrer

Ces dernières années nous ont poussés à revenir dans cette qualité d'être. Nous avons vécu des situations difficiles, des pertes, des évènements nous ont déstabilisés et nous avons dû nous remettre en cause.

Ceci a été une bénédiction cachée de la vie pour nous remettre sur le droit chemin. Ce qui importe dans la nature humaine, c'est l'Être et non le faire.

En revenant dans cette qualité d'être, nous sommes maîtres de notre destin.

Nous sommes capables de vibrer exactement ce que nous souhaitons. Cette vibration impacte tout le cosmos. C'est en cela que nous participons au Grand Tout et que notre expérience humaine importe.

Notre vibration nourrit le Grand Tout
et le Grand Tout nourrit notre vibration.
Nous sommes Un.

Notre vibration dépend de notre qualité d'être.

Pour avoir cette qualité d'être en conscience et être maître de notre vibration, nous avons besoin de ces temps de pause et d'intégration.

Notre âme fonctionne selon son propre rythme.
Notre corps fonctionne selon son propre rythme.
Notre conscience fonctionne selon son propre rythme.
Pour que ces trois rythmes puissent entrer en corrélation, rien de tel qu'un temps d'arrêt et de pause. S'octroyer le temps de ne rien faire, d'être juste là, présent, à ne rien à faire, à observer et ressentir.
Et non être derrière nos écrans, nos actions, nos pensées, nos plannings, nos relations, etc.
Revenir dans l'être, revenir à soi, comme le font naturellement les animaux.
N'avez-vous jamais observé un oiseau, se poser durant un temps et ne pas bouger avant de reprendre son envol ?
Les animaux prennent le temps d'être car ils sont connectés au Grand Tout. Ils savent quel est le bon moment pour agir, pour s'envoler ou courir ou rester là. Ici. Pausé. Ne rien faire. Juste Être. Vivre. Conscient.
Connecté à la nature, au présent, à la vie, au vent, à l'air, à l'eau, au feu, à Gaïa.

Lorsque l'on s'octroie le temps de ne rien faire pour juste être, alors le corps intègre toutes les données qu'il a reçues. C'est dans ces moments-là que notre âme se ressource en profondeur. C'est à ce moment-là qu'elle se repose.

C'est comme si, moins nous pensons, moins nous sommes dans l'action, plus le temple qu'est notre corps est propice à la réceptivité de notre âme.
Lorsque que nous sommes dans le rien, notre âme, elle, peut tout faire en nous.
Notre âme peut s'ancrer parfaitement dans notre corps, encore plus qu'avant et nous faire parvenir une conscience plus haute qui est la sienne.

Plus nous baignons dans le silence, plus notre âme peut venir se calfeutrer dans notre corps pour s'ancrer, s'incarner et entrer en corrélation avec notre personnage terrestre.

Notre âme a besoin de ce silence et de ce calme. C'est ce rien apparent qui permet à notre âme d'entrer en action.
Cet état de réceptivité et de silence intérieur est une ressource profonde qui rehausse nos énergies et notre taux vibratoire. Cela donne l'occasion à notre âme d'insuffler en nous de nouvelles idées et de nouvelles inspirations. Notre âme, ne peut venir nous les souffler dans notre inconscient que si nous sommes dans le calme et le silence pour les réceptionner.
Si nous sommes toujours dans l'action, c'est comme si nous fermions la porte à notre âme.
Si nous sommes toujours dans le mental, elle ne peut pas communiquer par l'intuition.
Si nous ne prenons pas ce temps de silence, l'âme ne peut venir s'installer en nous pour nous donner des résonances vibratoires

importantes qui se manifesteront dans la matière ensuite.
C'est dans ce silence que sans le savoir notre créativité s'exprime.
C'est dans ces moments de silence que notre inspiration profonde naît.
C'est dans ce silence que notre âme vient mettre des graines en nous qui germeront ensuite dans notre quotidien, notre conscience, nos idées, notre vibration afin d'impacter et d'attirer à nous les bonnes fréquences qui entreront en résonance.
Notre âme a besoin de ce temps pour se ressourcer et venir à nous.
C'est aussi l'occasion pour nous d'intégrer inconsciemment tout ce que nous avons compris, vécu, ressenti et entendu.

Imaginez ces moments de silence comme une infusion. Tous les résidus peuvent aller au fond du bocal pour se déposer et l'eau redevient claire et limpide.

Si nous sommes toujours dans l'action, notre eau se trouble, notre énergie se trouble par tant de mouvement.
Dans le rien, toute notre énergie s'apaise, se décante et l'eau dont nous sommes principalement composés redevient pure. Tout ce qui doit se déposer, se dépose tranquillement. Tout se purifie. Nous redevenons une page blanche prête à poursuivre son prochain chapitre.

En étant dans l'être, nous nous apaisons, nous nous calmons, nous nous reconnectons à qui nous sommes vraiment : notre âme.

Tant qu'il n'y a pas ces moments de décantation, notre eau et notre vibration restent troubles et il devient difficile de réalimenter notre vibration sur la fréquence souhaitée.
Si nous reprenons l'image que notre vibration est une couleur, imaginez que chaque journée vient rajouter une couleur, et encore une et encore et ce, jour après jour, de quelle couleur devenons-nous ?
Notre véritable couleur devient invisible.

En prenant ce temps de pause et d'intégration, c'est comme si notre aura redevenait blanche pour pouvoir remettre notre vibration de la couleur que nous souhaitons, de la manière la plus pure qui soit.

Cette présence et cette conscience à nous-même est une bénédiction. Dans ces moments de silence et d'inaction apparente, s'intègrent énormément de choses. C'est souvent dans ces moments-là que nous faisons de grands pas sans même nous en rendre compte. C'est dans ces moments-là que nous grandissons en conscience. C'est dans ces moments-là que notre vibration augmente. C'est dans ces moments-là que nous grandissons et devenons une meilleure version de nous-même.
Ne rien faire en apparence permet un Grand Tout à l'intérieur. Les transformations se font dans ces moments-là. Les meilleures idées jaillissent de ces moments-là.

Sans rien en attendre, délectons-nous de ce rien,
car c'est là qu'est le Tout.

Ces moments de silence sont une bénédiction car notre âme peut enfin se ressourcer, se reposer et prendre pleinement possession de ses moyens en nous.
C'est comme si vous faisiez l'espace de ce temps silencieux, un instant de grâce auprès de votre âme. Chérissez ces moments-là.
Ces moments sont primordiaux, d'autant plus si vous développez l'écoute de vos énergies, vos chakras, votre vibration et vos intentions.
Ces qualités de « Rien apparent » vous permettent d'avoir une présence à vous-même beaucoup plus grande ensuite.
C'est en cela que nous aiguisons notre intuition, nos sensations, nos perceptions.

C'est dans ces moments-là que nos muscles vibratoires se forment. Dans la troisième dimension, les muscles se font par le mouvement. Au niveau de l'âme, c'est dans l'inaction que le muscle de compréhension apparaît.

Laissez-vous bercer par ces moments de calme et de silence. Ils rehaussent en énergies et nous permettent ensuite de reprendre le cours de nos activités avec une meilleure présence à nous-même et donc une vision plus claire.

Notre façon d'agir ensuite devient plus limpide, rapide, efficace et harmonieuse.
Plus nous prenons le temps en amont de nous poser, plus juste sera l'action ensuite.
Plus vite nous prenons le temps de ne rien faire et plus vite jaillissent nos idées.
Le temps d'arrêt et de pause est proportionnel à la qualité des actions et réactions qui s'ensuivent.
Ces silences sont une bénédiction, c'est par eux que naissent les meilleures intentions du monde.
En étant dans ce silence, nous entrons en connexion avec le Grand Tout. Dans ces moments-là, le Grand Tout vient en nous de façon plus consciente.
C'est savoureux et délicieux.

Le silence est une loi de l'Univers
qui permet de revenir en son centre
afin d'éveiller la conscience.

Personnellement les moments de calme et de silence sont de plus en plus fréquents dans ma vie.
Dans ces moments-là, je ne les vis pas toujours de la même manière.

Lorsque je suis bien connectée à mon corps et à l'écoute de mon être profond, ces moments semblent toucher l'éternité. Le temps n'existe plus et je ressens une profonde gratitude à être. Cette présence à la vie m'apporte une grande joie et une belle sérénité. Je me sens alors en pleine bienveillance avec moi-même et je m'autorise à m'aimer, simplement. Cette connexion aussi simple à la vie est un lieu de bénédiction profonde que je m'octroie et qui me réconcilie avec le présent.
Il y a des phases où parfois ce besoin d'inaction l'emporte sur ma volonté d'agir. J'ai à cœur de passer à l'action, mon mental tourne en rond dans ma tête à vouloir agir, mais une part de moi me demande l'inverse. Je me sens comme un fruit qui manque de maturité. Ces phases là sont enrichissantes, car bien que je souhaite agir et avancer, je n'y arrive pas ou mal. Il y a un manque de fluidité, le résultat n'est pas comme je le souhaite, agir me demande des efforts. Quelque chose en moi me montre que ce n'est pas juste.

Dans ces cas-là, au lieu de m'énerver ou d'être frustrée, je lâche-prise et je me dis :
— Ok, ce n'est pas le moment. Mon âme a envie de vivre autre chose. J'arrête.

Je reviens en mon centre, j'accepte d'entrer dans une inaction apparente et bien souvent c'est là que la magie opère. Lorsque je laisse la place à cet état d'être, j'accepte qu'il y ait quelque chose en moi qui soit en gestation. Mon mental continue de râler car il souhaite agir mais je ne lui laisse plus le micro. Off. Je respire et je sens alors, dans le fond, quelque part, une sorte de sérénité à enfin me laisser vivre. J'accepte que mon inconscient, mon âme ou une part de moi-même, prennent le relai sans que je le sache. Lorsque cette transformation dans l'invisible opère, il arrive un jour où l'alignement est là. Le fruit tombe. Je suis prête. Est-ce lié aux astres ?

A mes émotions ?
Aux différentes parties de moi-même qui se sont mises d'accord ?
Je ne sais, peut-être un peu de tout cela.
Et c'est à ce moment là que j'agis, et hop, ce qui n'était pas fluide avant se manifeste avec une rapidité désarçonnante. Comme l'accouchement de ce qui était en gestation.

Cette façon d'agir est pour moi une grande leçon.
Je comprends alors qu'il y a un ordre juste dans les choses.

Ce qui paraît en apparence comme de l'inaction est en réalité une action juste, intime, en gestation. Et bien souvent je me rends compte que le planning que mon âme, mon énergie ou mon inconscient choisissent est bien plus juste que ce que j'aurais décidé avec mon mental. Parfois, ce temps de gestation m'a permis de vivre d'autres choses. Cette sensation de faire un détour devient en réalité limpide et je vois que le chemin choisi par mon être est bien plus complet, juste, en harmonie et cohérent.
Je trouve cela à chaque fois magique !

Pour moi, la réalité est organique.
Le temps se vit avec la conscience de tout ce qui me compose pour avancer joyeusement dans le respect et le rythme de toutes mes parts.

Mon planning n'est pas rationnel, il est émotionnel. Mon emploi du temps se dessine en fonction des besoins de mon corps et de mon inconscient.
Dès que je peux vivre et agir comme cela, je me rends compte à quel point tout est parfait et dans un ordre juste. Cela demande de lâcher-prise, de faire confiance au processus, et cela m'apporte un amour encore plus grand pour moi et pour la vie.

J'essaie du mieux que possible de vivre en fonction de ce qui est juste et non de suivre un plan préétabli.
En vivant comme cela, c'est comme si les choses se font d'elles-mêmes.
Je ne pense pas que cette façon de vivre puisse correspondre à tout le monde car nous avons tous des besoins différents pour être en paix. Mais j'avais envie de vous le partager pour vous déculpabiliser lorsque vous n'arrivez pas à agir comme vous le souhaitez.
Quelque part je cherche toujours à faire le moins d'effort possible et cela demande du travail !
Mais la loi de non-effort, comme j'aime l'appeler, me permet d'être dans le respect de mon côté organique, et depuis que j'agis comme cela j'éprouve plus de succès et de facilité à faire les choses.
J'agis quand c'est le bon moment pour moi, et ce, chaque jour un peu plus.

- VIII -
La croyance en quelque chose de plus grand

IL Y A UN POINT IMPORTANT QUI N'A PAS ENCORE ÉTÉ ABORDÉ DANS CE PRÉSENT OUVRAGE:

la foi dans quelque chose de plus grand que nous qui est en marche. Si vous êtes convaincu que vous avez une âme, elle-même connectée au Grand Tout, c'est bien que vous avez conscience qu'un monde invisible, dont nous faisons partie sans en avoir totalement conscience, existe.

La croyance en quelque chose de plus grand

Si vous avez la foi en ce monde invisible, en ce champ d'informations, alors vous y accédez. Simplement par la croyance et par la foi.

Avoir cette conscience que quelque chose de plus grand que vous est à l'œuvre, permet cette foi, cette confiance, de laisser faire les choses.

Cela nous permet de lâcher. Cela offre la possibilité de se dire : je laisse faire la vie. Je laisse faire mon âme, elle me guidera.
Je n'ai pas besoin de me préoccuper de tout, le tout s'en chargera et tout viendra à moi naturellement.

Le fait de croire en cette énergie plus grande que nous, permet d'entrer en connexion avec le Grand Tout autour de nous.
Cela nous permet de comprendre que les énergies qui nous dépassent sont à l'œuvre.
Cela nous permet de voir que nous avons à recevoir ce que la vie nous propose. Nous n'avons pas à tout façonner, ni prévoir. Cela nous permet d'être main dans la main avec la Source, Dieu, l'âme, le Grand Tout, la lumière, le mot que vous préférez.

Nous pouvons nous laisser bercer par cette énergie plus grande que nous. Cette énergie sait mieux que nous. Nous avons juste à lui demander et à recevoir. Nous pouvons nous laisser guider.

Nous ne sommes plus seuls. Cette connexion rassure, elle amène une sécurité profonde.

La sécurité de ne pas être seul.
La sécurité d'être entendu par quelque chose, quelque part.
La sécurité que tout ce que vous allez demander,
vous aller le recevoir

Que nous choisissions de croire en des guides, ou en une partie supérieure à nous-mêmes, à Dieu ou aux astres, importe peu à mes yeux du moment que nous y croyons. Nous avons chacun notre perception du monde et notre propre façon d'en faire l'expérience. A nous de le conceptualiser à notre guise.
Pour ma part j'ai eu des phases de vie où je croyais en des guides, puis j'ai nommé cela la Source car ce champ invisible me semble tellement complexe que j'estime ne rien en connaître. Et je ne souhaite pas forcément savoir comment fonctionne tout ce monde invisible.
En revanche, j'aime y croire, et je sais que l'on peut y trouver autant de lumière que d'ombre. L'ombre a une capacité à se déguiser en

lumière qui est redoutable.
A force de pratiquer la médiumnité, d'avoir fait appel à des astrologues et au cours de mes lectures, j'ai développé la croyance qu'une grande partie de notre vie est écrite.
Je ne crois que partiellement au libre-arbitre. Je vois cela comme une nuance de notre part d'accepter ou non ce que la vie nous propose. Je crois que lorsque nous sommes dans le respect de nous-même, conscient de notre énergie et que nous croyons en quelque chose de plus grand, alors une magie opère. Comme si nous entrions dans une nouvelle façon de vivre la réalité.

Si nous arrivons à porter un œil subtil à la réalité, à la voir de façon intuitive ou organique, alors nous pouvons danser avec les énergies et suivre l'alignement de chaque instant.

J'ai remarqué que notre vibration impacte notre réalité, les évènements qui nous arrivent et notre façon de les vivre.
C'est comme si nous étions un immeuble, avec un grand nombre d'étages. Plus nous vibrons haut, plus notre ascenseur monte les étages. Admettons que chaque étage supérieur nous apporte une abondance plus grande. Plus nous accédons aux étages supérieurs, plus l'expérience de la vie s'améliore.
J'ai le sentiment que plus nous nous autorisons à monter les étages, plus les expériences de vie abondent de joie, de foi et de surprises.

Souvent j'ai entendu en guidance :
— Sois un réceptacle Aurore, fais le vide. Accueille grand pour que l'abondance arrive.

Comme si cette phrase sous entendait d'ouvrir grand les bras à ce qui venait à moi. Plus je faisais le vide, plus j'ouvrais mon cœur. Comme un soin de guérison envers moi-même où je lâchais mes croyances limitantes.

— Allez, je fais le vide, j'accueille grand, je suis convaincue que de belles choses viennent à moi.

Ce faisant j'étais bien obligée de changer mes croyances qui me rabaissaient. Si je croyais que je n'avais pas de valeur où que je ne méritais pas l'abondance, alors je ne vibrais pas haut. Je restais dans les étages du bas de ma tour intérieure.
Alors que plus je me focalisais sur une abondance possible, plus je croyais en quelque chose de plus grand à l'œuvre, plus je faisais confiance en cela et donc en moi. C'est comme si cette croyance de quelque chose de plus grand me donnait l'autorisation de devenir une part plus grande de moi-même.
Ce que je projette à l'extérieur n'est que le reflet de mon intériorité.
Si je crois en Dieu, en la Source ou quelque chose de plus Grand, c'est que je reconnais le Dieu, la Source, une chose plus Grande, en moi.
C'est ce que j'appelle l'effet miroir.
Mon extérieur, me reflète.
L'abondance que j'ai dans ma vie reflète l'abondance de mes croyances positives.

Il ne m'arrive que ce que je suis prête à vivre et recevoir.

A mes yeux, le libre arbitre se place là.
Les opportunités sont écrites, à moi de les saisir ou non en fonction de ce que je m'autorise à croire ou non de possible pour moi.
C'est moi qui laisse l'abondance venir à moi, en fonction de ce à quoi je crois et donc en fonction de ce que je vibre ou émets comme énergie.
La vie aime être généreuse, elle n'est faite que d'abondance à qui

sait le recevoir. Pour vivre l'abondance, nous avons à être abondant envers nous-même.
Cette connexion à plus grand que soi nous permet de décupler notre foi et notre vibration de façon soudaine.

En ayant la foi que quelque chose de plus grand que nous est là, nous ouvrons un champ magnétique en nous qui nous connecte à ce Grand Tout.

Ce Grand Tout étant tellement puissant, cela rehausse notre taux vibratoire de manière fulgurante et rapide.
Dès que nous retrouvons la foi, nous remontons notre taux vibratoire. Dès que nous la perdons, notre taux vibratoire s'abaisse et notre pouvoir créateur aussi.
Ce désir d'être créateur de notre vie et de façonner totalement notre quotidien à notre image, demande une grande foi pour que ce soit possible.
Ceci est possible en croyant que quelque chose de plus grand est en marche vers nous. Cette foi est la clé.

Si nous avons cette foi inébranlable que quelque chose de plus grand est à l'œuvre, alors nous faisons confiance à cette chose plus grande qui est en nous : notre âme.

Ceci est une forme d'amour très profonde envers nous-même.
Nous aimons notre âme, nous y croyons, nous aimons la vie.
Cette croyance profonde de cette grandeur, nous guérit de tous nos maux, de toutes nos blessures.
Si nous avons la foi que notre âme est capable de tout, alors nous avons foi en nous.
Si nous avons foi en cette chose plus grande, cela vient aliéner tous nos doutes.

Notre foi est plus forte que tout.

Notre foi est comme la lumière. Rien ne peut l'atteindre, ni l'éteindre. Une lumière est impalpable, elle éclaire. Notre vibration aussi. Notre lumière intérieure ne dépend que de notre foi, elle est proportionnelle à celle-ci.

Plus nous croyons en notre âme, plus nous croyons en notre être profond. Plus nous croyons en la vie, plus la vie croit en nous. C'est circulaire. Une boucle énergétique.

La foi est ce qui nous permet de déplacer des montagnes.
La foi nous permet d'atteindre des objectifs qui semblent irréalistes de prime abord.
Pourtant, en ayant la foi, nous y arrivons et souvent plus rapidement que nous ne l'imaginions.
Nous faisons confiance aux lois de la vie.
Une fois compris cette qualité de réceptivité, la vie nous envoie tout ce que nous demandons et plus encore puisque nous sommes la vie.
Cet état de réceptivité est une clé.

Plus nous faisons le vide en nous, en nous percevant comme un canal de réceptivité, les bras grands ouverts prêts à recevoir les cadeaux de la vie, plus alors la vie est généreuse.

Si nous ouvrons ce champ magnétique pour recevoir, alors la vie donne.
Alors que si nous nous fermons en étant buté sur nous-même en nous disant que nous n'avons pas besoin d'aide extérieure et que nous pouvons tout faire par nous-même, nous fermons la porte et faisons alors l'expérience de « tout faire par nous-même ». Ce sera

peut-être plus difficile.
Alors qu'en levant la tête vers le ciel en croyant que quelque chose de plus grand peut nous aider, nous lâchons prise et cette réceptivité nous connecte au Grand Tout et de suite une joie émane. Les solutions apparaissent. Parfois dans l'instant, simplement parce que nous réceptionnons.
Cette réceptivité n'est valable que si nous avons l'intime conviction que quelque chose de plus grand est là. C'est à la fois nous et quelque chose de plus grand. C'est impalpable et pourtant nous le ressentons. Cette expérience intime, il appartient à chacun de la vivre à sa manière.

Si vous avez foi en la vie,
la vie a foi en vous.

Faite confiance en cette foi car c'est elle qui vous permet d'atteindre tous vos rêves possibles et imaginables.
Tout est possible, l'univers n'est fait que d'abondance, il n'a pas de limites.
Les limitations ne sont que cérébrales.
Regardez combien la nature est capable de reprendre ses droits.
Elle grandit, elle foisonne et se transforme en permanence et à l'infini.
Il en est de même pour notre vie.
Nous sommes capables de bouger, de nous transformer et de faire toutes les expériences que nous souhaitons.
Voyons grand, ayons foi dans le Grand et le Grand viendra à nous.

Plus nous ferons le vide, plus nous réceptionnerons, plus l'abondance sera là et plus les cadeaux viendront et nous surprendront.

En faisant confiance au plus Grand que nous, nous faisons confiance aux lois de la vie. Elles sont simples. Elles peuvent se résumer à :

tout n'est que vibrations et résonances.

Plus nous veillons sur notre vibration, plus nous attirons en conscience des vibrations similaires.

La foi est ce qui fait vibrer.

En quoi avez-vous foi ?
En quoi croyez-vous ?
Qu'est-ce qui vous fait vibrer ?
Notez tout ce qui vous met en joie, cela vous montre les moments où vous avez la foi.
Comme l'exercice de la bulle orange partant du chakra sacré et qui remonte le long de la colonne vertébrale, vous pouvez utiliser ce chakra pour y placer la foi et la renforcer.

Plus la foi se développe, plus la vibration augmente et plus l'abondance arrive dans votre vie.

La foi est la clé du trousseau d'abondance de la vie qui ouvre toutes les portes de votre cœur.
La foi est en vous, vous le savez.
Je crois profondément que nous avons tous une partition à jouer dans notre vie. Chacun de nous a une gamme, une vibration et une musique intérieure qui ne demande qu'à être entendue des autres.
Nous avons à faire l'expérience de nous-même dans notre plus belle version. Plus nous sommes capables d'aller vers l'ascension de nous-même, ce qui revient pour moi à simplement nous accepter tel que

nous sommes, plus nous sommes capables de croire en nous.
Alors nous nous sublimons et sommes capables de faire l'expérience de la version la plus sublime de nous-même.
A mes yeux, notre chemin est écrit en grande partie, à nous de jouer notre partition avec le plus de talent possible.

Plus nous croyons en nous, plus nous nous autorisons à vivre réellement notre réalité. Nos croyances influencent nos choix de vie et comment les vivre.

Si nous arrivons à être en paix avec nous-même, à voir nos talents et ce qui nous met en joie alors nous nous réalisons. Cette foi dont je parle dans ce chapitre me semble capitale car elle est la Source de tous nos mouvements.
Nos premières intentions sont celles qui se réalisent. Pour quelles raisons faisons-nous les choses ? Qu'est-ce qui nous anime ? Quelle est notre foi ?

Plus nous en prenons conscience, plus nous pouvons alors écrire notre vie à notre image.

Comme l'image de notre tour intérieure, plus nous sommes haut avec nous-même, plus nos choix sont dignes de notre grandeur intérieure.
Et lorsque nous faisons l'expérience de cette part, faisons l'expérience d'une nouvelle part de nous-même. Nous découvrons qui nous sommes.
Bien entendu, je ne dis pas qu'il suffit d'avoir la foi pour que les choses arrivent. Nos actions font le reste, elles sont nécessaires. Ce n'est pas parce que nous avons la foi que nous évitons les chemins traverses, les périodes difficiles, les obstacles ou autres.
Seulement notre foi augmentant notre taux vibratoire, nous attirons alors des expériences similaires à notre foi.

Nous attirons ce que nous émettons. Et c'est la foi qui fait que des miracles, des synchronicités ou des coïncidences arrivent.

Nos croyances sont le résultat de nos expériences et si nous changeons nos croyances, nous changeons notre vibration et donc les évènements qui viennent à nous.
Je remarque de plus en plus dans ma vie à quel point être à l'écoute de mon énergie, de ma vérité intérieure peut différer de ce qu'affiche mon mental.
Je peux avoir des objectifs précis à atteindre, mais la façon organique qu'a la vie, mon âme, mon énergie, ma vérité, diffère de mon plan d'action prévu dans ma tête.

Plus je vis en étant à l'écoute de mon énergie et de mon intuition, plus je suis en osmose avec la vie.

Je m'applique davantage à suivre mon intuition que ma logique.
Cela me crée des expériences de vie qui diffèrent totalement de ce que j'aurais pu imaginer vivre et être.
Ce qui me fascine, c'est que finalement, les chemins que mon énergie me fait emprunter sont en réalité bien plus justes et abondants que ceux que j'aurais pris par l'intermédiaire de mon mental. Et finalement j'atteins mes objectifs avec davantage de facilité, et surtout beaucoup plus d'abondance. Alors, certes mes projets prennent peut-être plus de temps, mais le chemin pour les atteindre est tellement plus complet. Comme si la vie me faisait vivre des expériences qui me permettent d'être à la hauteur de mes objectifs.
C'est ça pour moi, avoir la foi, c'est le lâcher-prise. Je fais confiance aux énergies, à la vérité de l'instant, je l'accueille et j'agis en fonction.
Je vis de manière différente que prévue mais je sais que la vie va me mener exactement là où je le souhaite en réalité.
C'est en cela que pour moi, tout est déjà écrit, avec un chemin

magnifique, abondant, qui nous fait grandir dans notre âme. Soit nous suivons ce chemin, soit nous suivons ce que notre mental prévoit. Ce sont des allers-retours.
Mais suivre le chemin de l'intuition et de l'énergie est pour ma part un chemin plus somptueux et aisé.
Je m'adapte en permanence, et ce faisant, je découvre ma véritable grandeur.

Cette vérité organique de la vie est pour moi une clé de la foi. Une clé pour vivre une vie douce et fluide. Cela n'empêche pas les obstacles, ils me font grandir, mais lorsque j'en rencontre un, je le vois comme une opportunité. Chaque obstacle est pour moi un message de la vie qui me souffle :
— Pas par là, tourne à gauche, ce sera plus fluide...

Ce faisant, je lâche-prise, j'obéis à ce message subtil et hop, la fluidité revient.

L'intuition et la foi sont des boussoles de vie incroyables à mes yeux.

Voyez-vous, l'écriture de ce livre ne se déroule pas du tout comme je le prévois. Lorsque je décide de consacrer du temps à l'écriture, je me dis de prime abord que je vais prévoir de nombreuses plages horaires durant un mois, pour me plonger dans l'écriture et avancer rapidement. Voilà ce que je souhaite avec mon mental.
Cela ne fonctionne pas. Dès que je fais cela, mon corps se crispe, j'entends mon cœur battre de tristesse.

Il me dit :
— Quel ennui, viens Aurore, on va vivre plutôt. On écrira après, je n'ai pas envie, là.

Alors j'écoute mon cœur, résignée, me disant que j'arriverai à écrire plus tard.
Et ce que je constate c'est que mon cœur a raison. Car tout ce que je vis entre temps, me permet de gagner en maturité pour être à la hauteur de ce que j'écris.
Tous les moments de vie qui me traversent me servent. Je ne peux écrire ce livre en quelques semaines, car je dois vivre ce que je veux transmettre. Je découvre les sujets au moment où je les écris. Ce livre m'enseigne et me fait grandir. J'écris ce que j'ai à apprendre. Alors quoi de mieux que de suivre ses vérités organiques, suivre le mouvement de mon inspiration qui me montre une autre façon d'écrire et d'avancer.
Cela peut paraître plus long dans mon planning, mais c'est en réalité le chemin le plus court et le plus complet à vivre.

Je vis ma vie, comme j'écris ce livre, en suivant l'élan du cœur. J'ai la foi en ce que le cœur est le chemin juste.

J'espère vous faire battre le cœur
vers cette expérience si elle vous inspire.

- IX -
La prière, les incantations et la foi profonde

JE NE SOUHAITE PAS APPORTER UN CARACTÈRE RELIGIEUX AUX PROPOS ABORDÉS DANS CE CHAPITRE.

Lorsque la guidance parle de prière, d'incantations, de la foi profonde, c'est dans le sens d'une connexion que nous pouvons entretenir entre notre personne, notre âme et le Grand Tout. Tout ceci est inter-relié et la foi en est la clé.

La prière, les incantations et la foi profonde

Si nous n'avons pas la foi, c'est comme si nous ne vibrions pas la bonne fréquence pour que l'univers nous apporte ce que nous demandons. Si nous n'avons pas la foi, nous faisons alors l'expérience de la non-foi et du doute. La vie entre en résonance avec notre fréquence.

Ce qui nous est proposé au travers des incantations et des prières, sont des exercices, des choses à inventer et à imaginer pour entretenir notre foi.
Entrer en communication veut dire, oser se laisser bercer par la Source qui se manifeste dans votre cœur.

Ce n'est pas parce qu'une prière nous est proposée que la guidance attend que nous la récitions à l'identique. Nous avons l'occasion de vivre quelque chose de beaucoup plus ludique.
La guidance nous invite à inventer nos propres prières.

La prière est avant tout une question de vibration, de foi et d'énergie au delà des mots.

Je ne parle pas ici de prières religieuses, je tiens à le préciser pour les lecteurs athées, je parle des prières énoncées dans ce livre et des prières que vous allez créer vous-même si vous le désirez.
Ce sont des incantations que nous allons inventer pour nous connecter à notre foi afin d'augmenter notre vibration afin d'attirer à nous les évènements en concordance avec ce que nous émanons.
Il n'y a rien de mystique, c'est juste une pratique pour retrouver notre pouvoir créateur.
Ces prières sont de simples textes qui nous permettent de nous connecter à notre âme ou à la Source...

Nous pouvons inventer toutes les prières que nous souhaitons, ce qui compte c'est l'intention que nous y mettons.

Je parle de prière pour nous permettre d'avoir une posture centrée, ancrée, respectueuse, qui alimente notre propre foi.
Nombreuses sont les personnes aimant s'inventer des rituels pour s'installer dans leur foi : allumer une bougie ou de l'encens, mettre une musique particulière, méditer, etc.
Pour d'autres, le rituel du matin est de boire un café, lire le journal ou faire de l'exercice. Chacun son rituel.
Nous ne souhaitons pas ici devenir des chamans conscients et expérimentés dont le savoir ancestral est transmis de génération en génération.

Je parle ici de rituels qui sont intéressants, non pas dans leurs actions mais dans l'intention que nous y mettons.
Les rituels ont ce bienfait d'amener une qualité de présence pour réveiller cette foi, réveiller la croyance que quelque chose va se passer.
Lorsque nous faisons les choses sans la pleine conscience, machinalement, cela a moins d'impact puisque nous sommes moins conscient de notre vibration.
Les rituels, les incantations ou les prières nous permettent d'alimenter cet état de réceptivité avec la conviction profonde que quelque chose de plus grand est en marche.

Inventez vos propres prières. Elles peuvent être adressées à votre âme, à Dieu, à un champ d'information ou autre. Il n'y a pas de règles.

Choisissez une prière qui vous connecte à votre foi.
Vous pouvez dire :
– À ma foi profonde, je m'adresse...

Une fois connecté à ce dont vous croyez, demandez à recevoir ce que vous souhaitez.
– Je demande à mon âme de me guider vers la voie la plus juste pour moi à chaque instant.
– Je demande aux êtres de lumière, à la Source sacrée de venir à moi afin de me guider dans mes choix.

Nous pouvons inventer une multitude de prières, elles sont toutes valables dès que nous y croyons.
Amusez-vous à écrire une prière qui vous fait du bien.

Vous pouvez aussi invoquer des Archanges, la vierge Marie, Jésus, Bouddha, etc... qui vous souhaitez.

La vie nous envoie exactement ce dont nous avons besoin pour répondre à notre demande.
La vie nous envoie exactement ce qui entre en résonance avec notre vibration, cette clé est une compréhension immuable du monde.
Le monde est multi-potentiel. Il est une multitude de possibilités. C'est à nous de choisir ce que nous souhaitons vivre. Notre pouvoir créateur est important pour maitriser notre destin.
Nous faisons l'expérience de la connexion à la Vierge Marie par exemple, seulement si nous y croyons intimement. Si nous n'y croyons pas, elle le respectera et ne viendra pas nous voir.

Si nous croyons en un Dieu, ce Dieu viendra nous voir parce que nous y croyons. Si vous n'y croyons pas, il ne viendra pas car il respecte notre lire arbitre.

Je schématise cette idée et je m'amuse de la façon dont je viens d'écrire cela.

J'ai envie de demander à la guidance :
— Est-ce que la Vierge Marie existe et vient à nous parce qu'on y croit ?
— Ou est-ce parce qu'on y croit que cela se crée ?
— Est-ce cela notre pouvoir créateur ?

Voilà ce que je capte en guidance :
« La croyance en des dieux importe peu en réalité. Cette croyance vient juste cristalliser une foi en vous et c'est en cela que c'est bénéfique car la croyance en quelque chose rehausse votre taux vibratoire et votre impact dans le monde.
En revanche, que vous fassiez l'expérience de la Vierge Marie ou non en fonction de vos croyances ne fonctionne pas ainsi.
La Vierge Marie est bien là, et elle existe dans certaines dimensions.

Si vous en faites l'expérience, c'est que votre vibration entre en résonance avec la sienne. Et ce, que vous en soyez conscient ou non. Vous êtes en permanence en lien avec le divin et ce qui le compose. Quel que soit votre niveau de conscience, le divin est à l'œuvre à travers vous. Vous êtes Dieu et Dieu est vous. Vous êtes le divin et le divin est en vous. C'est l'infiniment petit qui se trouve dans l'infiniment grand et inversement.

Votre connexion à la Source est réelle et permanente quelles que soient vos croyances.

Ce qui vient faire évoluer votre réalité, aux uns et aux autres, c'est que vous avez été programmés durant votre incarnation à faire différentes expériences du divin. Certains font l'expérience de la religion, d'autres de la foi en une énergie, d'autres ne font confiance qu'à la science et en rien au mysticisme, etc...
Toutes ces expériences sont divines et le fruit d'un Dieu, de la Source, de l'Energie, le mot que vous préférez.

Quelle que soit l'expérience que vous faites, elle est le fruit de la vie et du divin.

La question n'est pas de savoir si la Vierge Marie existe.
La question est plutôt :
Quelle expérience est-ce que je fais personnellement ?
Qu'est-ce que cela vient réveiller chez moi ?
Qui suis-je au travers de cette expérience ?

La réponse viendra réveiller votre âme dans son expérience. Elle est venue sur terre dans cette vie-ci pour expérimenter un certain nombre de choses.
C'est cela qui est important à nos yeux. Faites l'expérience de votre

vérité. Votre vérité est aussi importante et réelle que celle de votre prochain.
Même si vous êtes différents voire opposés, ceci est divin. Ce sont les deux faces d'une même réalité.
L'unité est d'accepter son centre et la voie du milieu.
Certains font l'expérience du Oui, d'autres du Non.
Accepter les deux c'est accepter la part divine de chacun et du Tout.

Votre réalité
n'est pas plus juste qu'une autre.

La vérité existe, elle est partout, en tout temps et dans tous les espaces. La vôtre vous appartient, elle est à votre image et c'est celle qui compte dans votre expérience.
Pourquoi parlons-nous d'incantation et de prière dans ce chapitre ?
Pour que vous puissiez honorer votre expérience quelle que soit votre façon de la nommer.
Acceptez votre vérité. Acceptez votre expérience. Acceptez qui vous êtes. Avec la foi que vous êtes parfaits tels que vous êtes, vous acceptez votre vérité et c'est la seule chose qui puisse vous apporter la paix dans votre quotidien.
Ne cherchez pas à avoir raison, ce n'est pas nécessaire.
Vivez votre expérience et votre vie, cela est bien suffisant et c'est le chemin que votre âme a choisi.

Soyez doux envers vous-même et envers les autres.
Si vous acceptez les différences, vous acceptez que Dieu, la vie, est unie, elle n'est qu'un.

Vous faites l'expérience de la vie dans ses multi-facettes. Le voir, l'honorer et l'accepter est la partition de musique la plus divine qui soit.

En quoi la création de prière ou d'incantation est importante ? Qu'est-ce que cela peut nous apporter dans nos vies ?

Réponse de la guidance :
« La vie est une succession d'aventures qui viennent confirmer ou infirmer vos croyances.
Le pouvoir des incantations, c'est qu'elles viennent préciser vos croyances et les affirmer vers votre inconscient.
Ainsi vous pouvez davantage maitriser les expériences qui viennent à vous.
Plus vous êtes conscient de vos croyances et de vos intentions, plus vous êtes conscient de ce que vous attirez à vous comme expérience.
Ces exercices de prières ou d'incantations sont des moyens simples de maîtriser vos énergies et ce à quoi vous prêtez attention. »

Une prière est une forme de formulation d'intention.

Vous pouvez noter cinq prières qui vous viennent. Cinq formulations différentes vous permettant d'alimenter votre foi.
Une formulation par rapport à votre vibration.
Une autre par rapport à votre intention.
Une suivante concernant votre désir souhaité.
Une autre sur les choses dont vous aimeriez vous libérer.
Et une dernière en lien avec la demande d'une abondance qui va au-delà de ce que vous imaginez.
Vous pouvez inventer cinq prières, ou cinq protocoles ou autre.

Par exemple :
lorsque j'allume une bougie c'est pour mon intention. Quand j'écoute cette musique et que je danse, c'est pour ma vibration.

Ensuite, j'écris tout ce dont je souhaite me débarrasser et je brûle la feuille, etc...

Inventez ce qui vous inspire, amusez-vous de cela, c'est un jeu. Un jeu avec votre foi et les lois de la vie qui vous répondront de toutes les façons si vous y croyez.

Lorsque je dis ceci, je l'invoque.
Lorsque je dessine cela, je l'attire.
Lorsque je fais cette action, je la manifeste.
Lorsque je chante cette mélodie, je me connecte à...
Etc.

Inventez tous les rituels possibles et imaginables et remaniez-les autant de fois que désiré.

Cela a pour but de vous libérer. Sentez-vous libre d'inventer ce qui est juste et bon pour vous.
Faites confiance à votre inspiration.
Ayez confiance en votre foi et pouvoir créateur.

La guidance ne souhaite pas nous partager de prières ou d'incantations, elle nous propose de nous réinventer.

Si notre intention est pure et
qu'elle nous connecte au Grand Tout alors
le Grand Tout l'entend et vient à nous.

- X -
La consécration : la mise en action dans la matière

NOUS VOUS AVONS PARTAGÉ DE NOMBREUX EXERCICES POUR VOUS CONNECTER À VOTRE ÂME ET À LA SOURCE

Avec des actions concrètes à mettre en pratique au quotidien. Il est désormais temps de les mettre en action à votre manière pour gagner totalement en autonomie.

La consécration :
la mise en action dans la matière

Et si vous inventiez vos propres exercices ?
Si vous vous amusiez à façonner votre propre façon de faire ?

Durant l'expérimentation des précédents chapitres dans votre quotidien, vous avez pu constater que certains exercices vous correspondent plus que d'autres.
Certaines choses vous ont manqué, ou d'autres étaient de trop ?

Façonnez les exercices à votre manière afin qu'ils puissent répondre encore mieux à votre besoin.
Amusez-vous à en créer d'autres, soyez inventifs.

Amusez-vous et expérimentez.

Vous allez voir apparaître à vous de nombreuses solutions et idées. En vous amusant à inventer vos propres jeux de connexion à votre âme, vous allez constater que c'est votre âme qui vous souffle ses connexions à elle. C'est là que vous allez prendre conscience de votre pouvoir créateur et de qui vous êtes vraiment.
Vous allez constater comme votre âme est joyeuse, malicieuse et pleine de créativité.
En cherchant des moyens amusants d'entrer en connexion avec elle, elle s'amuse avec vous à vous les souffler.
En vous amusant à créer des jeux pour être en connexion avec vous-même, vous proposez à votre âme de vous offrir des solutions amusantes pour entrer en connexion avec elle.
C'est un lien entre elle et vous.
C'est ça, la créativité et le pouvoir créateur.

A vous d'inventer tous les moyens possibles et imaginables.
Il y a de nombreuses manières auxquelles vous avez déjà pensé.

Amusez-vous à les noter, les expérimenter et même à les partager avec les autres.
En partageant, vous vous aidez mutuellement à entrer en communication avec votre être profond. Ce partage est une émulation, car l'être humain est fait pour le partage et la communauté. Vous verrez vos capacités augmenter encore et encore si vous êtes entouré de personnes avec qui échanger vos points de connexion.
L'univers a besoin de vous dans votre meilleure version, et que vous partagiez au monde votre vérité.

Pour la partager, soyez créatif et inventez votre vérité.
Amusez-vous à cela.

* *

CRÉEZ, PARTAGEZ, NOTEZ, EXPÉRIMENTEZ, AMÉLIOREZ, VIVEZ ! *

Notez cinq manières différentes de vous connecter à votre âme :

1....
2....
3....
4...
5....

Quelles sont les cinq manières de faire ?
Les cinq manières d'être ? Les cinq visualisations ?
Notez tout.

Observez ces cinq manières, peut-être pouvez-vous les relier entre elles et inventer une nouvelle manière ?

Amusez-vous à partager avec vos amis, à en faire l'expérience, à observer ce que cela change. Parlez-en, comparez, expérimentez les manières de vos amis.

Ce faisant, vous créerez une spirale positive et créative de connexion à l'âme et à la meilleure version de chacun.
Ainsi vous mettez au monde de nouvelles pratiques vous permettant de devenir une meilleure version de vous-même.

Toutes ces pratiques sont valables puisqu'elles ont fonctionné pour vous, elles pourront donc être efficaces pour d'autres.

* * * * * * * *

* * * * * * * *

POUR MA PART, VOICI DIFFÉRENTES FAÇONS D'ENTRER EN CONNEXION AVEC ELLE

La première consiste à me placer debout, les yeux fermés.

Je respire et je fais le vide dans ma tête. Je pose une question pour obtenir une réponse par oui ou par non. Je demande à mon corps de me répondre. S'il penche en avant, cela veut dire oui, s'il penche en arrière cela veut dire non.

C'est le même principe qu'avec le pendule.
Évidemment, cela demande de faire le vide, d'y croire et de décider de ne pas interposer la réponse. C'est bien le corps et non la tête qui répond.

Amusez-vous au départ avec des questions simples.
Pensez juste à vérifier si votre corps dit oui en penchant en avant ou en arrière, c'est différent pour chacun.
Posez une question comme je suis un homme, je m'appelle... je suis un chat... je respire sous l'eau... Vous verrez comment votre corps réagit à la vérité.

Une autre façon que j'ai d'entrer en contact avec mon âme, passe par la connexion au cœur.

Je me connecte au plexus solaire et à mon cœur et j'observe la réaction. Si je fais tel choix est-ce détendu ? Si je fais l'opposé est-ce que cela se contracte ? Ce ressenti renforce la connexion au corps et à l'intuition.

Une autre manière est de méditer.

Je fais le vide et je demande à mon âme de me guider. Parfais j'ai des visions, parfois des sensations, et bien souvent c'est en vivant que j'obtiens les réponses, les signes et les inspirations dont j'ai besoin. Étant médium, il est vrai que j'entends mon âme comme j'entends la guidance venant d'ailleurs.
Avec le temps, j'ai identifié quand c'est mon âme et quand c'est un défunt, une énergie ou autre. Ceci est subtil. Parfois mon âme me parle et je l'écoute. Sa vision du monde et de ce qui est juste est tellement opposée à ce que je crois que c'est fascinant. L'écart entre ce que je crois, provenant de mes croyances, de mon mental et de mon interprétation de la réalité, et de mon âme est assez grand. C'est impressionnant. Alors j'essaie au mieux de toujours écouter mon cœur et mon âme. Cela me fait travailler sur moi, mais depuis les choses sont tellement plus fluides.

Je me sens connectée à mon âme lorsque je pratique une activité artistique.

Que ce soit par la musique, la danse, l'écriture ou la peinture, je sens que c'est ma partie sensible qui s'exprime. Je laisse libre cours à mon inspiration, mon besoin du moment.

La dernière façon que j'ai de me connecter à mon âme c'est de lâcher et de faire confiance en la vie.

Je respire. J'oublie mes croyances. J'accepte ce qui est et je dis oui à ce qui vient. Ce faisant, mon âme respire et elle peut enfin façonner mon quotidien à son image.

* * * * * * * *

J’en suis là dans ma connexion à mon âme.
Et vous ?

**Amusez-vous à remanier tout cela à votre manière.
Cette connexion à vous-même offre une magie d’inventivité qui permet au monde de s’améliorer.**

Amusez-vous à vous approprier tout cela.
Il n’est plus temps d’appliquer à la lettre des protocoles, des vérités toutes faites ou des notions apprises à l’extérieur.

Le monde change et il a besoin de se créer.

Commençons par créer de nous-même, par nous-même, pour nous-même pour ensuite grandir auprès des autres.
Exprimons notre vérité.

Si nous ne faisons qu’appliquer les choses extérieures, nous nous cantonnons à ce que l’on nous propose et oublions notre créativité.

***Soyons pleinement nous-même
et créons des choses à notre image.***

Amusez-vous à inventer des choses simples, ludiques, qui font du bien. Partagez au monde de quelque manière que ce soit.

Ainsi vous offrez l’occasion à votre âme de s’incarner sur terre et de partager au monde sa vérité.

Partageant au monde sa vérité, elle peut enfin l’émaner.
L’émanant, vous faites enfin l’expérience de qui vous êtes.

Pour clôturer

J'ESPÈRE QUE CE PRÉSENT LIVRE
VOUS PERMET DE VOUS INSPIRER.

Que cette lecture vous procure joie, amusement et créativité.
Je souhaite que cela vous aide à avancer sur votre chemin et que cela vous permette d'inventer de nouvelles façons d'être.

Pour clôturer

Nous sommes très heureux et fiers de vous avoir partagé tous ces outils. Nous sommes très heureux et fiers du chemin que vous avez parcouru.
Sachez qu'il y a une infinité de façons d'entrer en communication avec le Grand Tout et votre âme.

Amusez-vous à demander tout ce que vous souhaitez.
L'univers vous l'enverra.

Vous avez désormais neuf outils supplémentaires pour vous connecter à qui vous êtes en profondeur. Mettez-les en pratique.

La théorie ne sert à rien, c'est l'expérience qui compte.
Plus vous pratiquez, plus vous vous incarnez et plus vous inspirez ceux qui vous entourent.
En étant vous-même, vous donnez l'autorisation aux autres d'en faire de même et à leur tour, ils inspireront autour d'eux.
Cette grande chaine d'âmes, connectées entre elles, pourront s'éveiller les unes après les autres et ainsi l'humanité s'éveillera.

Grâce à vous.
Grâce à votre foi.
Grâce à vos actions.
Grâce à votre intégrité.
Grâce à votre mise en action.
Grâce à votre intuition.
Grâce à l'amour de vous-même.

Tout ce qui est partagé dans ce livre sont des moyens pour vous aimer davantage. Respectez votre être véritable.
Aimez-vous encore davantage, chaque jour de mieux en mieux.
L'amour et la foi sont inébranlables une fois intégrés, maîtrisés et diffusés. Cette expansion émane sur le Grand Tout et le Grand Tout vous le rend encore plus.

Sachez que quoi que vous demandiez, l'univers vous le rend davantage. Soyez généreux avec vous-même et la vie sera généreuse avec vous.

Si vous aviez à relire ce livre, relisiez davantage vos propres notes plutôt que le livre.
Le livre le plus important n'est pas celui que vous pourriez lire mais celui que vous êtes en train d'écrire. Prenez conscience de votre pouvoir créateur et de votre autonomie.

Votre destin se dessine
à l'image de qui vous êtes.

Soyez fier de toutes les notes que vous avez prises.
Soyez fier de tous les exercices que vous avez faits.
Soyez fier de tout ce que vous avez créé par vous-même, car de là vont naître d'autres idées qui vont en créer d'autres encore et encore. Cette spirale positive va renforcer votre créativité et la développer encore plus qu'avant.

Il y a tant de manières de découvrir son âme, de s'amuser avec elle. Laissez la vous guider vers vous, votre façon de faire, votre autonomie.

Vous partagerez et en ferez profiter le monde d'une manière qui vous appartient.
Je vous souhaite d'être inspirant et nourrissant pour les autres. C'est comme cela que vous participez au Grand Tout. Vous le faites déjà et vous pourrez le faire davantage avec plus de conscience encore.
En étant conscient de vous-même et de votre vibration, vous impactez le monde avec amour.
Je vous souhaite de vous amuser de tout, la vie n'est qu'un jeu.
Même si certains évènements sont sensibles ou douloureux, la vie n'est qu'abondance.

Soyez amoureux de vous-même.
Tombez en amour envers votre âme.
Soyez dans l'abondance envers vous-même.
Soyez dans le respect le plus total de vous-même, de votre âme.
Vous verrez que votre âme vous le rendra.

Soyez fier et heureux de vous.
Nous le sommes, soyez-le tout autant.

****

INTRODUCTION

Plus vous allez cheminer en conscience dans cette vie-ci, plus vous allez pouvoir œuvrer en conscience sur cette Nouvelle Terre.

Avancez pas à pas.
Avec joie, amour et volupté.

Soyez fier et heureux de ce nouveau monde qui est en train d'apparaitre.
Soyez fier de cette nouvelle Terre que vous êtes en train de construire.
Soyez fier de la nouvelle personne que vous êtes en train de devenir.

Tout ceci a lieu grâce à nous et aussi grâce à vous.
Nous ne sommes qu'Un.

Nous sommes très heureux et fiers de le vivre avec vous et que vous puissiez en avoir de plus en plus conscience.

Continuez à être dans l'amour et dans la foi.
Ce qui arrive est vraiment magnifique et extraordinaire.

Vous êtes des êtres de lumière.
Ne l'oubliez jamais.
Nous sommes fiers de vous.
Nous vous aimons.

Aimez-vous tout autant.

RETROUVEZ LES MÉDITATIONS GUIDÉES PAR AURORE, EN « LIVE » SUR :
https://www.editions-atlantes.fr/produit/libre/